AF324972

PETITE

GÉOGRAPHIE

MODERNE

—

A. M. D. G.

PETITE
GÉOGRAPHIE
MODERNE

ACCOMPAGNÉE

D'UN ABRÉGÉ DE COSMOGRAPHIE

ET D'UNE GÉOGRAPHIE COMPLÈTE DE LA PALESTINE

PAR

M. L'ABBÉ E. C***

Chanoine honoraire, curé-doyen d'Exmes
Ancien professeur aux petits séminaires de Séez et de la Ferté-Macé

OUVRAGE

Approuvé et recommandé par Mgr l'Évêque de Séez
pour les maisons d'éducation de son Diocèse

—

TROISIÈME ÉDITION

Domini est terra et plenitudo ejus ; orbis terrarum et universi qui habitant in eo.

La terre avec tout ce qu'elle renferme appartient au Seigneur ; l'univers et tous ceux qui l'habitent sont à lui. (*Ps.* XXIII, 1.)

A. M. D. G.

PARIS
LIBRAIRIE POUSSIELGUE FRÈRES
RUE CASSETTE, 27

—

1877

APPROBATION

DE Mgr L'ÉVÊQUE DE SÉEZ

Nous, Charles-Frédéric ROUSSELET, par la miséricorde divine et la grâce du Saint-Siége Apostolique, Évêque de Séez;

Après avoir fait examiner la *Petite Géographie*, par M. l'abbé E. C***, professeur dans Notre Petit Séminaire de la Ferté-Macé;

Sur le rapport très-favorable qui Nous en a été fait;

Nous en autorisons bien volontiers la publication, et Nous en recommandons l'enseignement dans toutes les maisons d'éducation de Notre Diocèse.

Donné à Séez, le 14 septembre 1866.

† Ch.-Fréd., *Év. de Séez.*

CONSEILS

Vous m'avez demandé, mon bien cher ami en Jésus-Christ, quelle méthode vous deviez adopter pour acquérir le trésor de la science. Je vous conseille d'imiter les petits ruisseaux, qui ne se jettent pas tout d'abord dans la mer, parce qu'il faut que les questions faciles nous conduisent aux plus difficiles. Soyez lent à parler ; ayez la conscience pure ; faites-vous une habitude de la prière et aimez la solitude de votre chambre. Soyez aimable à tous ; ne vous enquérez nullement de ce que font les autres ; n'ayez avec personne trop de familiarité, car la trop grande familiarité engendre le mépris et fait perdre un temps précieux pour l'étude. Confiez à votre mémoire tout ce que vous entendez de bon...; prenez des informations précises sur les choses douteuses, et augmentez tous les jours le trésor de votre intelligence, comme si vous aviez un vase à remplir. Vous deviendrez ainsi comme un arbre chargé de fleurs et de fruits pour orner utilement la vigne du Seigneur, et vous pourrez atteindre au but de vos désirs.

(*Saint Thomas d'Aquin.*)

AVERTISSEMENT

La Géographie est devenue un goût public en
France, et il faut s'en féliciter. Mais, pour être
vraiment utile, cette science ne doit pas con-
sister dans une vaine nomenclature. La superficie de la terre et les hommes qui l'habitent :
voilà surtout ce qu'il faut arriver à connaître.
Pour y réussir, ce serait sur le terrain, s'il était
possible ; c'est du moins sur une bonne carte
qu'il faut étudier. Un relief qui représenterait
au vif la configuration du sol serait encore pré-
férable. Enfin, le manuel, qui donne des détails
sur les mœurs et coutumes des peuples, qui
passe en revue les productions du sol, peut
aussi présenter son côté utile ; mais il serait
absurde de se contenter de l'apprendre par
cœur. En Géographie, il faut *voir les choses*, et
voilà aussi pourquoi les promenades et les excur-
sions géographiques offrent tant d'avantages.
On y peut étudier en petit ce qui ailleurs se

retrouve en grand : une ligne de partage des eaux, un bassin, un confluent, une île, etc.

Si l'on veut acquérir une instruction solide, ce ne sera pas assez de considérer une carte ni de lire un manuel; on devra multiplier les exercices, et se faire souvent des questions dans le genre de celles que nous allons proposer :

Combien de parties du monde? — Dans quels continents sont-elles situées? — Quels sont les plus grands fleuves qui se jettent dans la mer Baltique? — Citez les principaux lacs de la Russie; de la Suède. — La Loire reçoit-elle plusieurs affluents? — Quels sont ceux de droite? ceux de gauche? — Pouvez-vous nommer les villes considérables situées sur la Seine, la Loire, le Rhône, la Garonne? — Quels sont les principaux cours d'eau qui sortent du massif des Alpes? — Combien le Languedoc forme-t-il de départements? — Nommez-les. — Quelle religion pratique-t-on en Danemark, en Russie, au Japon, aux États-Unis? — Indiquez les pays d'où l'on tire le café, le thé, etc. etc.

Quand on aura ainsi disséqué, si je puis ainsi parler, un atlas et un manuel, on pourra, pour peu qu'ils soient complets, espérer de posséder, en Géographie, les connaissances les plus indispensables.

PETITE

COSMOGRAPHIE

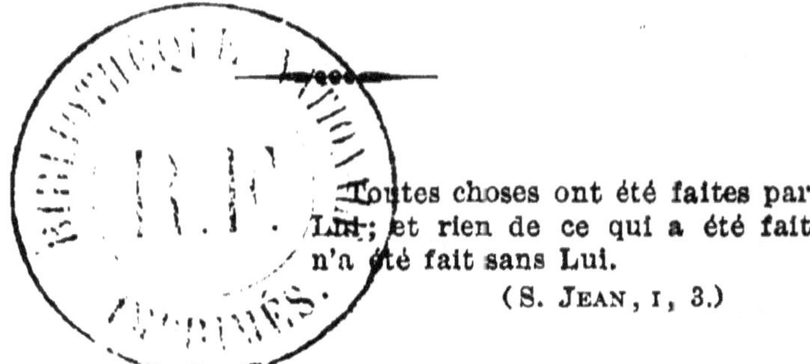

> Toutes choses ont été faites par
> Lui; et rien de ce qui a été fait
> n'a été fait sans Lui.
>
> (S. JEAN, I, 3.)

1. Au commencement des temps, Dieu créa l'univers, c'est-à-dire le ciel, la terre et tout ce qu'ils renferment. Dans un espace immense sont disséminés les astres. Parmi eux, les uns sont mobiles; tels sont la terre, les planètes, les satellites et les comètes. Les autres, comme le soleil et les étoiles, sont fixes et gardent toujours entre eux la même position.

Le soleil et les astres mobiles constituent le système solaire.

2. La terre, que nous habitons, est une boule légèrement aplatie en deux points opposés. Mais ni cet aplatissement, ni les montagnes, ni les précipices n'empêchent que la terre soit ronde (1). Ces accidents, sur cette masse énorme, sont tout au plus comparables aux rides d'une pomme ou d'une orange.

(1) Lorsqu'un vaisseau s'éloigne du port, on voit d'abord disparaître sa partie inférieure, puis les voiles et enfin l'extrémité des mâts. Si la surface de la mer était plane, il resterait tout entier visible, tant que l'œil pourrait le suivre dans le lointain. D'ailleurs un grand nombre de voyageurs ont fait le tour du monde. En suivant toujours la même direction, ils sont revenus au point d'où ils étaient partis. Donc la terre est ronde.

Le globe terrestre a 40 000 kilomètres de tour ou de circonférence, 12 733 kilomètres d'épaisseur ou de diamètre et 510 000 000 de kilomètres carrés de superficie.

3. Non-seulement la terre est ronde; mais le ciel présente aussi en apparence la même forme. On dirait une immense boule creuse, au centre de laquelle notre globe est placé.

4. La terre exécute deux mouvements : l'un sur elle-même, en tournant autour de son axe (essieu) : c'est le mouvement *diurne* ou de 24 heures; l'autre autour du soleil : c'est le mouvement *annuel* ou de 365 jours un quart.

5. La moitié de la terre qui regarde le soleil a le jour; celle qui est soustraite à l'influence de cet astre est plongée dans la nuit; mais le mouvement terrestre procure successivement à tous les lieux les bienfaits de l'un et de l'autre.

6. Les deux extrémités de l'axe de la terre s'appellent *pôles*. On distingue le pôle *arctique*, qui est au Nord de l'Europe; et le pôle *antarctique* ou pôle *Sud*, qui est opposé au premier.

7. Il y a quatre points *cardinaux* ou directions principales :

Le *Nord*, appelé aussi *Septentrion* (1);

Le *Midi*, appelé aussi le *Sud*;

L'*Est*, appelé encore *Orient* ou *Levant*;

L'*Ouest*, nommé encore *Occident* ou *Couchant*.

Le *Nord-Est*, le *Sud-Est*, le *Sud-Ouest* et le *Nord-Ouest* sont des points intermédiaires entre les points cardinaux et que l'on nomme points *collatéraux*.

On représente la direction de tous ces points de

(1) A cause de la Grande et de la Petite Ourse, deux constellations qui ont chacune *sept* étoiles.

l'horizon par une sorte d'étoile à rayons multiples que l'on nomme *Rose des vents.*

8. Reconnaître la direction de l'Orient et des trois autres points cardinaux, cela s'appelle *s'orienter* (1).

9. Si les deux pôles de notre globe se trouvaient toujours à égale distance du soleil, il n'y aurait aucun changement de saisons. Il n'en est pas ainsi : la terre dirige tantôt son pôle Nord, tantôt son pôle Sud du côté du soleil, et nous procure une utile diversité de température. Pour nous, qui habitons l'hémisphère septentrional, c'est-à-dire cette moitié de la terre qui environne le pôle Nord, le *printemps* commence vers le 20 mars; l'*été*, au 21 juin; l'*automne,* vers le 22 septembre, et l'*hiver,* au 21 décembre.

10. La terre tourne sur elle-même avec une vitesse de 462 mètres par seconde pour les points les plus éloignés des pôles, ce qui approche de la vitesse d'un boulet de canon. Elle tourne autour du soleil avec une vitesse de plus de 30 kilomètres par seconde. Quoique entraînés dans l'espace avec une effrayante rapidité par le double mouvement de la terre, nous nous croyons immobiles, et nous sommes dans l'illusion de personnes qui, emportées légèrement par un vaisseau ou par un wagon, croient voir marcher et s'enfuir les objets du voisinage.

11. Pour mieux se reconnaître sur le globe, on le suppose coupé par plusieurs cercles qui correspondent

(1) On s'oriente pendant le jour au moyen du soleil, qui est, le matin, dans la direction de l'Est; à midi, dans la direction du Sud, et le soir, dans la direction de l'Ouest. Pour s'orienter pendant la nuit, l'on se tourne du côté de l'étoile polaire, qui fait partie de la constellation de la Petite Ourse. On a ainsi le Nord devant soi, l'Est à droite, l'Ouest à gauche et le Sud derrière soi. Enfin, la boussole, petit instrument dont l'aiguille aimantée se tourne vers le Nord, peut servir à s'orienter en toute circonstance.

à d'autres cercles de même nom dans la voûte céleste. Il y en a de grands, qui passent par le centre de la terre, et de petits, qui ne la divisent pas en deux moitiés égales.

Parmi les grands cercles on compte : 1° L'*Équateur*, qui coupe la terre en deux hémisphères, à égale distance des pôles ;

2° Le *Méridien*, qui, pour un point quelconque, passe par les deux pôles de la terre et par le soleil à midi ;

3° L'*Horizon*, qui passe par le centre de la terre perpendiculairement à l'observateur (1).

Au nombre des petits cercles sont : 1° Les deux *Tropiques*, où le soleil s'arrête dans son mouvement vers les pôles, pour revenir sur ses pas ;

2° Les *Cercles polaires*, aussi éloignés des pôles que les tropiques le sont de l'Équateur.

12. La terre est divisée par les petits cercles en cinq zones ou bandes, qui sont : la zone *torride*, située entre les tropiques ; les deux zones *tempérées*, comprises entre les tropiques et les cercles polaires ; enfin les zones *glaciales*, depuis les cercles polaires jusqu'à chacun des pôles.

13. On est convenu de diviser toute circonférence en trois cent soixante parties égales, que l'on nomme degrés : l'Équateur et le Méridien se divisent donc de la sorte. La quantité dont le méridien d'un lieu quelconque s'éloigne d'un méridien principal, par exemple de celui de Paris, prend le nom de *longitude*. Si, par-

(1) Nous n'entendons parler ici que de l'horizon rationnel ; quant à l'horizon visuel, qui arrête les regards et sur lequel paraît s'appuyer la voûte céleste, il est loin de passer par le centre de la terre et n'est par conséquent qu'un petit cercle.

tant d'un lieu, on se rend à l'Équateur en suivant le Méridien, la distance parcourue sera la *latitude* de ce lieu. On voit que la longitude de telle ou telle ville est orientale ou occidentale, suivant que cette ville est placée à l'E. ou à l'O. du premier méridien; et que sa latitude est boréale ou australe, suivant qu'elle est située dans l'hémisphère boréal ou dans l'hémisphère austral.

14. Sur les cartes géographiques, les lignes tracées de haut en bas représentent le Méridien, et les lignes tracées de gauche à droite représentent l'Équateur et les cercles parallèles. Les degrés de longitude, qui se comptent sur l'Équateur ou les parallèles, se lisent au haut ou au bas du cadre de la carte; les degrés de latitude, qui se comptent sur les méridiens, se lisent de chaque côté. Au reste, dans une carte ordinaire, le Nord est en haut, le Sud en bas, l'Est à droite du lecteur et l'Ouest à sa gauche.

15. L'*altitude* est l'élévation d'un lieu au-dessus du niveau de la mer.

16. On appelle *planètes* des astres semblables à la terre, qui tournent aussi autour du soleil. Les principales sont : *Mercure, Vénus, Mars, Jupiter, Saturne, Uranus* et *Neptune.*

17. Plusieurs planètes sont accompagnées d'autres astres plus petits qui tournent autour d'elles et que l'on nomme leurs satellites; ainsi la terre a pour satellite la *lune,* qui est 49 fois plus petite qu'elle, et qui, tantôt plus rapprochée, tantôt plus éloignée de nous (1), accomplit son tour en 27 jours un tiers.

18. On appelle *comètes* des astres pourvus d'une sorte de chevelure, qui décrivent autour du soleil des

____

(1) La distance moyenne est de 86 000 lieues.

mouvements en apparence très-irréguliers. Ce qui les fait surtout remarquer, c'est une traînée lumineuse qu'on nomme leur queue et dont la longueur est quelquefois prodigieuse.

19. Le *soleil* est un globe qui, situé au centre de notre système planétaire, est pour nous une source de lumière et de chaleur. A peu près 1 400 000 fois plus gros que la terre, il en est éloigné d'environ 153 000 000 de kilomètres. Des taches, qu'on découvre à la surface de cet astre, font reconnaître qu'il tourne sur lui-même en 25 jours 6 heures 48 minutes.

20. Les *étoiles fixes* sont probablement autant de soleils, autour desquels tournent plusieurs mondes. Le nombre des étoiles qui brillent au firmament est si considérable, que l'imagination en est effrayée. Rien qu'à l'œil nu, on peut en apercevoir environ 5 000; mais le nombre des étoiles visibles au télescospe dépasse certainement 40 000 000. L'étoile la plus rapprochée de nous est encore si éloignée, que la lumière, qui parcourt 77 000 lieues par seconde, met plus de trois ans à franchir l'espace qui nous en sépare.

PETITE

GÉOGRAPHIE

NOTIONS PRÉLIMINAIRES

I. EXPLICATION DES PRINCIPAUX TERMES DE GÉOGRAPHIE

1. La *Géographie* est la *description de la terre.*

On distingue la Géographie *physique* ou *naturelle,* qui étudie la figure et les productions de la terre, et la Géographie *politique,* qui a pour objet les peuples et tout ce qui les concerne.

La surface du globe est composée de *terres* et *d'eaux.*

TERMES EMPLOYÉS POUR DÉSIGNER LES TERRES

2. *Continent.* Vaste espace de terre non interrompu.

Ile. Partie de terre entourée d'eau de tous côtés. L'île ne diffère du continent que par une étendue moins considérable.

Archipel. Groupe d'îles.

Presqu'île ou *péninsule.* Portion de terre qui ne tient au continent que par un de ses côtés.

Isthme. Langue de terre étroite qui joint une presqu'île au continent.

Cap ou *promontoire*. Pointe de terre qui s'avance dans la mer.

Montagne. Grande masse de terre ou de rochers. Une *chaîne* de montagnes est une suite de montagnes réunies par leurs bases.

Colline. Petite montagne.

Volcan. Montagne qui vomit par intervalles des flammes, des tourbillons de cendres ou des torrents de lave. La bouche du volcan est un *cratère*.

Versant, bassin. On appelle *versant*, tantôt le flanc d'une montagne ou d'une chaîne, tantôt l'ensemble des pentes inclinées vers une mer. — Le *bassin*, moins considérable, est l'ensemble des pentes inclinées vers un fleuve (1).

Plateau. Plaine élevée qui couronne une montagne, ou qui s'étend entre plusieurs chaînes.

TERMES QUI DÉSIGNENT LES EAUX

3. *Source*. Petit cours d'eau qui sort de terre.

Ruisseau. Courant d'eau peu considérable formé par les sources.

Rivière. Réunion de plusieurs ruisseaux.

Fleuve. Grande rivière qui va se jeter dans la mer. On entend par rive *droite* d'un fleuve le bord qu'aurait à sa droite une personne qui suivrait en bateau le courant de ce fleuve, et par rive *gauche*, le bord qu'elle aurait à sa gauche.

Affluent. Cours d'eau qui débouche dans un autre.

(1) On appelle *ligne de faîte* ou *ligne de partage des eaux* la série de hauteurs qui sépare les versants et les bassins. De même que les eaux qui tombent du ciel sur un toit sont divisées par le faîte et descendent, sans se mêler, de chaque côté, ainsi les pluies qui arrosent une contrée sont séparées par les terrains les plus élevés, et coulent, suivant les pentes, en différentes directions.

Confluent. L'endroit où deux cours d'eau se réunissent.

Embouchure. Lieu dans lequel un fleuve arrive à la mer.

Canal. Sorte de fleuve creusé par les hommes, et qui a pour but d'unir entre elles deux mers ou deux rivières.

Lac. Grande masse d'eau douce.

Lagune. Espèce de lac marécageux qui se forme sur le bord de la mer.

Océan. Immense étendue d'eau salée qui couvre les trois quarts du globe.

Mer. Portion considérable de l'Océan.

Golfe ou *baie.* Partie de mer qui s'avance dans les terres.

Détroit. Bras de mer resserré entre deux terres, et qui fait communiquer des mers ou des golfes. On se sert aussi quelquefois dans le même sens du mot *canal.*

Port. Bassin creusé ou perfectionné par la main des hommes, dans lequel les navires peuvent demeurer en sûreté.

Rade. Petite partie de mer propre au mouillage des vaisseaux.

II. GRANDES DIVISIONS DES TERRES

4. Les terres du globe se divisent :

1º En *continents.*

On distingue deux continents : l'*ancien*, qui fut habité dès l'origine du monde, et le *nouveau*, que l'on découvrit vers la fin du xvᵉ siècle.

Plusieurs géographes donnent à la Nouvelle-Hollande le nom de *continent austral.*

2° En grandes circonscriptions qu'on appelle *parties du monde*, et qui sont au nombre de cinq, savoir :

L'*Europe*, l'*Asie* et l'*Afrique*, comprises dans l'ancient continent.

L'*Amérique*, dont les deux parties constituent le nouveau continent.

L'*Océanie*, formée d'une multitude d'îles, au milieu desquelles se fait remarquer par sa grandeur la Nouvelle-Hollande ou continent austral.

On a coutume de rattacher aux différentes parties du monde les îles ou groupes d'îles qui les entourent.

III. GRANDES DIVISIONS DES EAUX

5. L'Océan se divise en cinq grandes parties :

1° L'*océan Atlantique*, entre les côtes occidentales de l'ancien continent, les côtes orientales du nouveau et les deux cercles polaires.

2° Le *grand Océan*, ou mer *Pacifique*, entre les cercles polaires, l'ancien continent à l'O., et le nouveau continent à l'E.

3° L'*océan Indien*, ou mer des *Indes*, entre l'ancien continent à l'O. et au N., le grand Océan à l'E. et l'océan Glacial Antarctique au S.

4° L'*océan Glacial Arctique*, depuis le cercle polaire arctique jusqu'au pôle.

5° L'*océan Glacial Antarctique*, depuis le cercle polaire antarctique jusqu'au pôle de même nom.

IV. RACES HUMAINES

6. On distingue dans le genre humain trois grandes races.

1° La race *blanche,* originaire du Caucase, et la plus belle comme la plus ingénieuse de toutes. Elle habite l'Europe, l'O. de l'Asie, le N. de l'Afrique, et se trouve aujourd'hui répandue dans le monde entier.

2° La race *jaune* ou *mongolique,* caractérisée par une peau jaunâtre, une face large et plate, des narines très-ouvertes, des cheveux droits et de couleur noire. Elle comprend tous les peuples de l'Asie orientale. On y rattache la race *malaise,* répandue dans la presqu'île de Malacca et dans l'O. de l'Océanie, et la plus grande partie des races américaines.

3° La race *noire,* remarquable par une peau de couleur noirâtre, des cheveux crépus et laineux, un crâne comprimé, un nez large, des mâchoires saillantes et des lèvres très-grosses. Elle se subdivise en deux races secondaires, savoir :

La race *nègre,* qui habite l'Afrique, et qui a été transportée par les Européens dans plusieurs de leurs possessions coloniales.

La race *brune* ou *polynésienne,* répandue dans le continent austral, et dans le plus grand nombre des îles de l'Océanie (1).

V. RELIGIONS

7. Les différentes religions peuvent se partager en deux grandes classes, le *monothéisme,* qui n'admet

(1) En admettant que la population du globe soit de 12 à 1 800 millions d'habitants, il meurt par an à peu près 32 millions de personnes; par jour, 88 000; par heure. 3650 ; par minute,

qu'un seul Dieu, et le *polythéisme*, qui en reconnaît plusieurs.

Parmi les religions monothéistes, on distingue :

Le *judaïsme*, révélé de Dieu à Moïse.

Le *christianisme*, établi par Jésus-Christ, fils unique de Dieu.

Le *mahométisme* ou *islamisme*, dont Mahomet fut le fondateur.

On remarque dans le christianisme trois branches principales, savoir :

Le *catholicisme*, qui a pour chef le Pape, évêque de Rome, et qui conserve inaltérable la vraie doctrine de Jésus-Christ (1).

Le *schisme grec*, commencé par Photius, en 866, et consommé, deux siècles plus tard, par Michel Cérulaire.

Le *protestantisme*, prétendue réforme du catholicisme, qui remonte au xvie siècle.

Enfin le protestantisme s'est partagé à son tour en un grand nombre de sectes, entre lesquelles il suffira de citer l'église *luthérienne*, l'église *calviniste* et l'église *anglicane*.

Parmi les religions polythéistes, on compte :

Le *brahmanisme*, qui reconnaît Brahma pour Dieu suprême.

Le *bouddhisme*, espèce de réforme du brahmanisme.

Le *sabéisme*, dont les sectateurs adorent le feu, le soleil et les astres.

Le *fétichisme*, qui rend un culte grossier à des animaux, à des plantes, à des pierres, etc.

---

61. Le nombre des naissances étant supérieur à celui des décès, il naît probablement 70 à 80 créatures humaines par minute.

(1) Il y a dans le monde au moins 200 millions de catholiques.

VI. FORMES DE GOUVERNEMENT

8. Les formes de gouvernement sont en apparence **aussi** différentes que les peuples ; cependant ces variétés, si nombreuses qu'elles soient, peuvent toutes se ramener à deux principales : le gouvernement *monarchique* et le gouvernement *républicain*.

Dans le gouvernement monarchique, la puissance souveraine est entre les mains d'un seul, et dans le gouvernement républicain, la puissance est entre les mains du peuple.

EUROPE

9. Limites. L'Europe est bornée au N. par l'océan Glacial Arctique ; à l'E., par les monts Ourals, le fleuve Oural et la mer Caspienne ; au S., par la chaîne du Caucase, la mer Noire, le canal ou détroit de Constantinople, la mer de Marmara, le détroit des Dardanelles, l'Archipel, la Méditerranée et le détroit de Gibraltar ; à l'O., par l'océan Atlantique.

10. Iles (1). Les plus grandes îles de l'Europe sont,

Dans l'océan Glacial Arctique :

Le Spitzberg (2),   La Nouvelle-Zemble.

Dans la mer Baltique :

L'archipel Danois.

Dans l'Océan Atlantique :

L'Islande,   L'Irlande.
La Grande-Bretagne,

Dans la Méditerranée :

La Corse,   La Sicile.
La Sardaigne,

(1) Plusieurs considérations nous ont déterminé à placer d'abord les terres, ensuite les eaux ; il conviendrait néanmoins, en commençant, de jeter un rapide coup d'œil sur les mers. Voyez ci-après, n° 18, p. 17.

(2) Le Spitzberg et la Nouvelle-Zemble, étant situés près du pôle, ne se trouvent pas sur la plupart des cartes d'Europe : il faut les chercher sur la Mappemonde.

11. PRESQU'ILES OU PÉNINSULES. On compte en Europe trois presqu'îles principales :

La péninsule Scandinave (*Laponie, Suède* et *Norwége*), au N.;

La péninsule Espagnole (*Espagne* et *Portugal*), au S.-O.;

La péninsule Italienne, au S.

12. ISTHMES. Les plus importants sont :

L'isthme de Pérécop, qui joint la Crimée au continent;
L'isthme de Corinthe, qui rattache la Morée au reste de la Grèce.

13. CAPS. Les principaux caps de l'Europe sont au nombre de cinq :

Le cap Nord, au N. de la Norwége;
Le cap Lizard, au S.-O. de l'Angleterre;
Le cap de la Hague, au N.-O. de la France;
Le cap Saint-Vincent, au S.-O. du Portugal;
Le cap Matapan, au S. de la Grèce.

14. MONTAGNES. Les chaînes de montagnes les plus considérables sont :

Les Alpes Scandinaves ou monts Dofrines, dans la Suède et la Norwége;
Les monts Ourals et la chaîne du Caucase, qui séparent l'Europe de l'Asie;
Les monts Balkans, dans la Turquie d'Europe;
Les monts Valdaï, en Russie;
Les monts Krapaks ou Carpathes, vers le centre de l'Europe;
Les Alpes, qui séparent l'Italie de l'Autriche, de la Suisse et de la France;
Les Apennins, qui traversent l'Italie dans toute sa longueur;
Les Pyrénées, entre la France et l'Espagne.

15. VOLCANS. Les trois principaux volcans de l'Europe sont :

L'Hécla, en Islande ;
Le Vésuve, en Italie ;
L'Etna, en Sicile.

16. FLEUVES (1). Parmi les fleuves de l'Europe, on remarque surtout :

La Vistule,
L'Oder,　　　} qui se jettent dans la mer Baltique ;
Le Rhin,
La Tamise,　　} dans la mer du Nord ;
La Seine,　　　dans la Manche ;
La Loire,
La Garonne,　} dans l'océan Atlantique ;
Le Tage,
Le Rhône,　　dans la Méditerranée ;
Le Pô,　　　dans la mer Adriatique ;
Le Danube,　dans la mer Noire.

17. LACS. Les principaux lacs de l'Europe sont :

En Suède :

Le lac Mælar, qui verse ses eaux dans la Baltique ;
Le lac Wener, qui s'écoule dans le Cattégat ;
Le lac Wettern.

En Russie :

Le lac Saïma,
Le lac Onéga,　　} groupés autour du golfe de Finlande.
Le lac Ladoga,
Le lac Peïpus,

---

(1) Le sol de l'Europe forme deux grands versants. Le premier, incliné vers le N.-O., envoie ses eaux dans l'océan Glacial Arctique et dans l'océan Atlantique ; l'autre, incliné vers le S.-E., est tributaire de la Méditerranée, de la mer Noire et de la mer Caspienne.

La ligne de faîte qui divise ces deux versants part des monts Ourals, se dirige vers le S.-O., et se termine au détroit de Gibraltar.

En Hongrie :

Le lac Balaton.

En Suisse :

Le lac de Constance,   Le lac Léman ou de Genève.

En Italie :

Le lac Majeur,   } qui s'écoulent dans le Pô.
Le lac de Garde, }

18. Mers. L'Europe est baignée par trois grandes mers, savoir :

L'océan Glacial Arctique, La Méditerranée.
L'océan Atlantique,

Ces trois grandes mers en forment plusieurs petites :

L'océan Glacial forme la *mer Blanche.*

L'Océan Atlantique forme :

La mer Baltique,   La Manche.
La mer du Nord,

La Méditerranée forme :

La mer Adriatique,   La mer Noire.
L'Archipel,

La *mer Caspienne,* qu'on doit ranger parmi les petites mers, ne communique avec aucune autre.

19. Golfes. Les trois principaux golfes de l'Europe, sont :

Le golfe de Bothnie,   Le golfe de Gascogne.
Le golfe de Finlande,

Parmi les golfes secondaires, on remarque :

Le golfe de Livonie, formé par la Baltique ;
Le Zuyderzée, formé par la mer du Nord ;
Le golfe du Lion,   }
Le golfe de Gênes,   } formés par la Méditerranée.
Le golfe de Tarente, }

20. Détroits. Les détroits les plus importants de l'Europe sont :

Le Sund,
Le Cattégat, } entre le Danemark et la Suède ;
Le Skager-Rack, entre le Danemark et la Norwége ;
Le Pas de Calais, qui unit la Manche à la mer du Nord ;
Le détroit de Gibraltar, qui unit la Méditerranée à l'Océan ;
Le détroit ou phare de Messine, entre la Sicile et l'Italie ;
Le détroit des Dardanelles, entre l'Archipel et la mer de Marmara.

21. Population, race et religion. On compte en Europe environ 305 millions d'habitants. Presque tous appartiennent à la race blanche et aux diverses branches de la religion chrétienne.

22. Division politique. L'Europe se divise en quinze États principaux :

Quatre au Nord :

Les îles Britanniques,   La Suède et la Norwége,
Le Danemark,   La Russie.

Six au milieu :

La France,   L'Allemagne,
La Belgique,   L'Autriche,
La Hollande,   La Suisse.

Cinq au Sud :

L'Espagne,   La Turquie,
Le Portugal,   La Grèce.
L'Italie,

RÉGION SEPTENTRIONALE

I. ILES BRITANNIQUES

23. LIMITES. Les îles Britanniques sont bornées à l'O. et au N., par l'océan Atlantique; à l'E., par la mer du Nord ; au S., par la Manche.

24. DIVISION NATURELLE. Les îles Britanniques se composent de deux grandes îles, et d'une multitude de petites. Les deux grandes sont la Grande-Bretagne (*Angleterre, Écosse*) et l'Irlande. Les petites îles se trouvent groupées autour des deux grandes (1).

25. CLIMAT et PRODUCTIONS. Le climat des îles Britanniques est généralement humide et brumeux ; ce qui n'empêche pas le sol d'être assez fertile. L'Angleterre fournit en grande quantité de l'étain, du fer et de la houille. Ces deux dernières productions forment en quelque sorte la base de l'industrie et du commerce britanniques.

26. POPULATION. 32 millions, dont 23 millions pour l'Angleterre, 3 et demi pour l'Écosse et 5 et demi pour l'Irlande.

27. RELIGION, GOUVERNEMENT. La religion de l'État est la religion *anglicane,* qui a pour chef le souverain d'Angleterre. Depuis quarante ans, le catholicisme fait dans cette contrée de remarquables progrès.

(1) Les principales d'entre elles sont : au N. de la Grande-Bretagne, les îles *Shetland, Orcades, Hébrides;* dans la Manche, *Jersey, Guernesey, Aurigny;* dans l'Atlantique, les îles *Sorlingues.*

Le gouvernement est une monarchie constitutionnelle, et le sceptre est héréditaire même pour les
femmes.

28. VILLES PRINCIPALES.

Angleterre.

LONDRES ‡ † (1), 3 millions et demi d'hab., capitale
de l'Angleterre, et siége du gouvernement des trois
royaumes d'Angleterre, d'Écosse et d'Irlande. Cette
ville est la plus peuplée, la plus riche et la plus commerçante de l'Europe.

Sunderland, grand port de commerce.

York, ville très-ancienne, importante au point de
vue administratif.

Leeds, étoffes de laine.

Liverpool †, la seconde ville du royaume pour la
population et le commerce.

Manchester, la première ville manufacturière de
l'Angleterre pour les étoffes de coton.

Sheffield, coutellerie fameuse.

Birmingham †, grands ateliers pour les armes, la
quincaillerie, les machines à vapeur.

Cambridge, université célèbre.

Oxford, la ville la plus savante du royaume; université florissante.

Bristol, grand port de commerce.

Cantorbéry, siége de l'archevêque primat an-
glican.

Douvres, sur le Pas de Calais, passage ordinaire
d'Angleterre en France.

---

(1) Afin d'abréger, nous indiquerons, dans le cours de cet
ouvrage, les archevêchés catholiques par le signe ‡, et les évêchés
par le signe †.

Écosse.

ÉDIMBOURG, 200 000 hab., capitale de l'Écosse ; cette ville a été surnommée l'*Athènes du Nord*.

Aberdeen, port commerçant.

Glascow, ville savante, la première du royaume pour la richesse, le commerce et l'industrie (1).

Irlande.

DUBLIN ✝, 300 000 hab., capitale de l'Irlande, seule université du royaume.

Limerick ✝, grand commerce de blé, de bœufs, et de toute espèce de denrées alimentaires.

29. ARMÉE, MARINE, INDUSTRIE ET COMMERCE. L'armée de terre compte 200 000 hommes de troupes régulières, et 400 000 hommes de milice (2).

La marine comprend plus de 400 gros bâtiments, montés par 60 000 matelots.

L'Angleterre, comme chacun sait, marche à la tête de toutes les nations pour l'industrie et le commerce. Ses navires marchands sont au nombre de plus de 35 000 (3).

30. COLONIES. L'Angleterre a des colonies dans le monde entier. Voici les principales :

(1) C'est à Glascow que l'on vit, en 1810, le premier bateau à vapeur.

(2) La *milice* est une sorte d'armée territoriale.

(3) Mais si la prospérité matérielle des Anglais est incontestable, il est constant aussi que, chez eux, la classe ouvrière végète dans l'ignorance et la misère. On sent que le peuple a perdu beaucoup en laissant la religion catholique pour embrasser la réforme protestante.

En Europe :

Gibraltar, sur le détroit de ce nom.
Malte, dans la Méditerranée (1).

En Asie :

L'*Hindoustan* presque tout entier.
Ceylan, au S. de l'Hindoustan.
Une partie de l'*Indo-Chine* avec *Malacca*.

En Afrique :

La colonie du cap de *Bonne-Espérance*.

En Amérique :

Toute la partie de l'Amérique septentrionale connue
sous le nom de *Nouvelle-Bretagne*.

L'île de *Terre-Neuve*, les *Lucayes*, la *Jamaïque*,
une partie des *Antilles*, une partie de la *Guyane*,
etc.

Dans l'Océanie :

L'*Australie* ou *Nouvelle-Hollande*, la *Nouvelle-
Zélande*, et quelques autres îles.

II. DANEMARK

31. Limites. Le Danemark se compose de la pres-
qu'île du Jutland, et des îles qu'on appelle l'archipel
Danois, à l'E. du Jutland. Il est borné au N. par le
Skager-Rack ; à l'E., par le Cattégat, le Sund et la
Baltique ; au S., par la Prusse ; à l'O., par la mer du
Nord.

(1) Cette île, que possédaient les chevaliers de Saint-Jean, fut
longtemps, entre leurs mains, le boulevard de la chrétienté contre
les musulmans.

32. CLIMAT ET PRODUCTIONS. Eu égard à la latitude, le Danemark est assez tempéré. Son sol, quoique bas, est fertile. Il y a surtout de nombreux pâturages, où l'on nourrit d'excellents chevaux et d'énormes bœufs, dont on fait une exportation considérable.

33. POPULATION. 1 800 000 habitants.

RELIGION, GOUVERNEMENT. La religion de l'État est le luthéranisme, et le gouvernement, une monarchie constitutionnelle.

34. VILLES PRINCIPALES.

COPENHAGUE, 200 000 hab., dans l'île de Séeland, ville bien fortifiée, et l'une des plus belles capitales de l'Europe.

Aarhuus, cité industrielle et commerçante.

35. ARMÉE, MARINE, COMMERCE. L'armée et la marine du Danemark sont peu considérables. Le commerce pourtant commence à s'étendre, et la marine marchande a pris beaucoup d'accroissement depuis quelques années.

36. COLONIES. Les principales sont :

En Europe :

L'*Islande*, située au N.-O. des îles Britanniques, 70 000 hab.; cap. *Reykiavick*, qui n'est qu'une chétive bourgade.

Les îles *Feroë*, entre l'Islande et l'Écosse, 10 000 habitants.

L'île *Bornholm*, dans la Baltique, 32 000 habitants.

En Amérique :

Le *Groënland*, 10 000 habitants.

Quelques îles dans les Antilles.

III. SUÈDE ET NORWÉGE

37. Limites. La Suède et la Norwége (péninsule Scandinave) sont bornées, au N., par l'océan Glacial Arctique ; à l'E., par la Russie, le golfe de Bothnie et la Baltique ; au S., par la Baltique, le Sund, le Catté-gat et le Skager-Rack ; à l'O., par l'océan Atlantique et l'océan Glacial.

38. Climat et productions. Le climat est rigoureux en Suède et en Norwége, et il devient d'autant plus froid qu'on avance davantage vers le Nord. L'hiver y dure neuf mois. Comme le pays est couvert de montagnes, il ne produit pas beaucoup de céréales ; la principale richesse consiste dans les immenses forêts de pins et de sapins. Ces arbres sont d'une hauteur prodigieuse, et servent surtout aux constructions de la marine.

39. Population. Environ 6 millions d'habitants, dont plus de 4 millions pour la Suède, et près de 2 millions pour la Norwége.

40. Religion et gouvernement. La religion de l'État est le luthéranisme, et le gouvernement, une monarchie constitutionnelle.

41. Villes principales.

Suède.

Stockholm, 150 000 hab., cap. du royaume suédo-norwégien, avec un port magnifique et très-fréquenté (1).

(1) Cette ville est appelée la *Naples du Nord,* à cause de sa position charmante, et de l'aspect véritablement admirable qu'elle présente, quand on la voit de la mer. On lui donne aussi le nom

Gotheborg ou *Gothembourg*, port très-commerçant sur le Cattégat.

Norwége.

CHRISTIANIA, 80 000 hab., cap. de la Norwége; grand commerce de fer et de planches.

Drontheim, excellent port sur l'Atlantique.

Bergen, port très-commerçant.

42. ARMÉE, MARINE, COMMERCE. L'armée de terre et la marine des deux pays, sans être très-considérables, présentent néanmoins une force assez imposante. Quant au commerce, il consiste en bois de construction, fer, cuivre et poissons salés.

43. ILES. A la Suède et à la Norwége se rattachent les îles *Loffoden* et *Tromsen* (1). sur les côtes de Norwége; celles d'*Œland* et de *Gothland*, dans la Baltique.

Les colonies sont insignifiantes.

IV. RUSSIE D'EUROPE

44. LIMITES. La Russie d'Europe est bornée au N. par l'océan Glacial Arctique; à l'E., par les monts Ourals, le fleuve Oural et la mer Caspienne; au S., par le Caucase et la mer Noire; à l'O., par la Moldavie,

de *Venise du Nord*, parce qu'elle est bâtie sur plusieurs îles et entrecoupée de nombreux canaux.

(1) Ces îles, comme toutes celles qui avoisinent la Norwége, sont, aux mois de février et de mars, le rendez-vous de près de 20 000 pêcheurs, qui viennent y chercher le hareng et la morue.

Au S. des îles Loffoden est le tourbillon de *Malstrom*, qui attire les vaisseaux à des distances considérables, les fait tournoyer un instant et les engloutit.

l'Autriche, la Prusse, la Baltique, le Nord de la Suède.

45. Sol, climat et productions. Les trois quarts de la Russie consistent en forêts, lacs, marais ou steppes (1); un quart seulement est composé de prairies ou de terres cultivées. Comme la Russie s'étend du N. au S. de l'Europe, on y trouve toutes les variétés de climat. Dans le nord, la rigueur du froid est extrême; les provinces méridionales ont un climat doux et tempéré. Le centre, et surtout le midi de la Russie, produisent en abondance le blé, le vin, le maïs et toutes sortes de fruits. Les pâturages nourrissent de nombreux bestiaux. Enfin, les monts Ourals renferment des métaux précieux.

46. Population. 71 000 000 d'hab., dont 5 000 000 en Pologne.

47. Religion. La religion de l'État est le schisme grec. L'empereur en est le chef absolu. Les catholiques ne sont en Russie qu'au nombre de 6 500 000, dont plus de la moitié pour le royaume de Pologne. Depuis un demi-siècle, ils ont été persécutés avec la plus odieuse intolérance.

48. Gouvernement. Monarchie absolue, héréditaire même pour les femmes. Le souverain porte le nom d'*autocrate* et de *tzar* ou *czar* de toutes les Russies. Il y a dans la société deux grandes classes : les nobles et les paysans; la bourgeoisie et les commerçants n'ont qu'une importance secondaire.

49. Villes principales.

Saint-Pétersbourg, 670 000 hab., capitale de l'empire, ville fondée en 1703 par Pierre Ier, dit le Grand, à l'embouchure de la Néva.

----

(1) Les *steppes* sont de vastes plaines incultes et stériles.

Arkhangel, sur la mer Blanche, commerce considérable de pelleteries.

Nijni-Novgorod, sur le Volga. Foire célèbre, qu'on peut regarder comme la plus grande de l'Europe.

Moscou, longtemps capitale, aujourd'hui la seconde ville de l'empire. Son commerce à l'intérieur et à l'extérieur est immense.

Astrakan, sur la mer Caspienne, grand commerce de poissons et de fourrures d'agneaux.

Odessa, sur la mer Noire, l'un des ports les plus commerçants de l'Europe.

Sébastopol, fameux port militaire, que les Français ont pris et détruit en 1855, mais qui est aujourd'hui rétabli.

Riga, sur le golfe de Livonie, l'une des villes les plus fortes et les plus commerçantes de l'empire russe.

Varsovie ✝, 280 000 hab., capitale de l'ancien royaume de Pologne (1).

50. Armée, marine. Les cadres ordinaires de l'armée russe renferment un million d'hommes. La marine militaire est très-considérable.

51. Industrie et commerce. L'industrie fait en Russie de grands progrès, et les villes principales ont avec l'Asie des relations fort actives. Chaque année, on tire de la Russie une quantité prodigieuse de cuirs, et pour plus de 100 millions de céréales.

52. Iles. A la Russie se rattachent le *Spitzberg*, la *Nouvelle-Zemble*, l'île *Waigatz*, l'île *Kalgouef*,

---

(1) A la fin du siècle dernier, la Russie, la Prusse et l'Autriche se partagèrent la Pologne, et, depuis ce temps, la Russie n'a cessé de faire peser sur la partie qui lui est échue la persécution, et l'oppression la plus odieuse et la plus cruelle.

dans l'océan Glacial ; l'archipel d'*Aland*, l'île *Dago* et l'île *Œsel*, dans la Baltique.

53. COLONIES. En Asie :

La *Sibérie*, les *provinces au S. du Caucase*, et le *Turkestan* (1).

(1) Une guerre terrible est engagée en ce moment (juillet 1877) entre la Russie et la Turquie. Il est impossible de prévoir les modifications qui peuvent en résulter pour le territoire de ces deux puissances.

RÉGION DU MILIEU

I. FRANCE

54. Limites. La France est bornée au N., par la Manche, la Belgique et l'Allemagne; à l'E., par l'Allemagne, la Suisse et les Alpes; au S., par la Méditerranée et les Pyrénées; à l'O., par l'Atlantique.

55. Iles. A la France se rattachent les îles d'*Ouessant*, de *Belle-Ile*, de *Noirmoutier*, d'*Yeu*, de *Ré*, d'*Oléron*, dans l'Atlantique; l'île de *Corse* et les îles d'*Hyères* et de *Lérins*, dans la Méditerranée.

56. Montagnes. Les principales montagnes sont :

Les Pyrénées,
Les Cévennes, } au S.
Les Alpes,
Le Jura, } à l'E.
Les Vosges,
Les Ardennes, au N.
Les monts d'Auvergne, au centre.

57. Fleuves et rivières. Dans la mer du Nord se jettent :

La Meuse.
L'Escaut.

Dans la Manche :

La Somme.
La Seine, dont les principaux affluents sont : à droite, l'Aube, la Marne et l'Oise, grossie de l'Aisne; à gauche, l'Yonne et l'Eure.
L'Orne.

Dans l'Atlantique :

La Vilaine.

La Loire, qui reçoit, à droite, la Nièvre, puis le Loir, la Sarthe et la Mayenne, dont la réunion forme la Maine ; à gauche, l'Allier, le Loiret, le Cher, l'Indre, la Vienne grossie de la Creuse, et la Sèvre-Nantaise.

La Charente.

La Garonne, qui prend le nom de Gironde à son confluent avec la Dordogne, et reçoit : à droite, l'Ariége, le Tarn grossi de l'Aveyron et le Lot ; à gauche, le Gers.

L'Adour.

Dans la Méditerranée :

L'Aude.

L'Hérault.

Le Rhône, qui reçoit, à droite, l'Ain, la Saône grossie du Doubs, l'Ardèche et le Gard ; à gauche, l'Isère, la Drôme et la Durance.

Le Var (1).

58. Sol, climat et productions. La France est en général un pays de plaines, mais agréablement varié par les nombreuses chaînes de collines qu'on rencontre dans toutes les parties de son territoire. Le climat est tempéré. Le sol est généralement fertile : il produit en abondance le blé, le seigle, l'orge, l'avoine, le lin, etc. ; des fruits de toutes sortes, poires, pommes, raisins, oranges, olives. La France nourrit un nombre considérable d'animaux domestiques, et ses belles races de chevaux, de bœufs et de moutons sont très-

---

(1) La France est partagée en deux versants principaux. Ce sont : 1° le versant de l'Atlantique, qui comprend le versant de la mer du Nord, celui de la Manche et celui de l'Atlantique proprement dit ; 2° le versant de la Méditerranée. Ces versants se subdivisent en bassins qui prennent les noms des fleuves qui les arrosent. Ainsi l'on dit le bassin de la Seine, le bassin de la Loire, etc., pour indiquer l'ensemble des pentes dont les eaux se rendent dans la Seine, la Loire, etc.

recherchées (1). Parmi les productions minérales, on remarque l'or, l'argent, le cuivre, le plomb, le fer. Les grandes chaînes de montagnes renferment des marbres précieux et des granits. Enfin les eaux minérales sont nombreuses, surtout dans les Vosges, les montagnes du centre et les Pyrénées.

59. POPULATION. Environ 36 100 000 habitants.

RELIGION, GOUVERNEMENT. On compte en France plus de 35 000 000 millions de catholiques.

Depuis le 4 septembre 1870, le gouvernement est une république. D'après des lois votées au commencement de 1875, cette république est aujourd'hui modérée par trois pouvoirs : un président, un sénat et une chambre de députés.

60. DIVISION ADMINISTRATIVE. La France actuelle comprenait 36 provinces, dont 6 au N., 7 à l'E., 8 au S., 6 à l'O., 8 au centre; ajoutons l'île de Corse, située dans la Méditerranée.

Les 6 au N. étaient :

La Flandre,	La Normandie,
L'Artois,	L'Ile-de-France,
La Picardie,	La Champagne.

Les 7 à l'E. étaient :

La Lorraine,	Le Lyonnais,
L'Alsace,	Le Dauphiné,
La Franche-Comté,	La Savoie.
La Bourgogne,	

(1) Le gros bétail est engraissé plus particulièrement dans les pâturages de la Normandie; les chevaux les plus estimés sont ceux de la Normandie et du Limousin; les plus beaux moutons, ceux du Berri; les volailles les plus renommées, celles du Maine.

Les 8 au S. étaient :

Le comté de Nice,
La Provence,
L'Avignonnais et le Com-
  tat-Venaissin,
Le Languedoc,
Le Roussillon,
Le comté de Foix,
La Guienne et la Gascogne,
Le Béarn.

Les 6 à l'O. étaient :

L'Aunis,
L'Angoumois et la Sain-
  tonge,
Le Poitou,
L'Anjou,
Le Maine,
La Bretagne.

Les 8 au centre étaient :

L'Orléanais,
La Touraine,
Le Berri,
Le Nivernais,
Le Bourbonnais,
La Marche,
L'Auvergne,
Le Limousin.

L'île de *Corse* formait une dernière province.

Depuis 1790, la France est partagée en départements, les départements en arrondissements, les arrondissements en cantons, et les cantons en communes (1).

Le département est administré civilement par un préfet, sous la direction du ministre de l'intérieur; l'arrondissement, par un sous-préfet; la commune, par un maire. A la tête de chaque canton est un juge de paix, dont les fonctions sont moitié judiciaires et moitié civiles.

Il y a aujourd'hui en France 87 départements.

____

(1) La plupart des départements tirent leur nom des fleuves et rivières qui les arrosent, ou des montagnes qui s'y trouvent.

CONCORDANCE

DES PROVINCES ET DES DÉPARTEMENTS

RÉGION DU NORD

I. FLANDRE

61. Cette province a porté l'agriculture à un très-haut degré de perfection. Outre les céréales, on y cultive en grand le lin, le chanvre, le colza, le tabac et le houblon. L'industrie y a pris un puissant essor, et les tissus de Flandre sont très-estimés.

La Flandre forme 1 département.

1. Nord. 1 448 000 hab.

Lille, 158 000 hab.; ville forte et commerçante; **filatures,** fabriques de dentelles.

Dunkerque, port de mer.

Douai, place forte, toiles, fonderie de canons.

Valenciennes, place forte, dentelles fameuses.

Cambrai ‡, place forte, siége archiépiscopal illustré par Fénelon.

Roubaix et *Tourcoing,* villes commerçantes et industrielles; fabriques considérables de tissus.

(**Arrondissements.** *Lille, Dunkerque, Hazebrouck, Douai, Valenciennes, Cambrai* et *Avesnes.*)

II. ARTOIS

62. L'Artois, en grande partie composé de plaines, produit beaucoup de céréales, mais peu de fruits. L'agriculture y est très-avancée.

Cette province forme 1 département.

1. PAS-DE-CALAIS. 761 000 hab.

ARRAS ✝, 27 000 hab., place forte.

Boulogne, port de commerce, célèbre pèlerinage en l'honneur de la sainte Vierge.

Calais, où l'on s'embarque le plus ordinairement pour aller en Angleterre.

(ARR. *Arras, Saint-Omer, Boulogne, Béthune, Montreuil* et *Saint-Pol.*)

III. PICARDIE

63. La Picardie est un pays uni, où les collines même sont assez rares. Les industries y sont très-variées, et le sol bien cultivé.

Cette province forme 1 département.

1. SOMME. 557 000 hab.

AMIENS ✝, 63 000 hab., sur la Somme; fabriques d'étoffes.

Abbeville, manufactures de draps.

(ARR. *Amiens, Doullens, Abbeville, Péronne* et *Montdidier.*)

IV. NORMANDIE

64. Cette province est arrosée par une infinité de cours d'eau, qui font mouvoir un grand nombre de moulins, d'usines et de fabriques; cependant la Normandie est avant tout un pays agricole. Le sol, couvert de petites collines, y est fertile et présente d'excellents pâturages. Elle produit du cidre en abondance. Le climat, sans être froid, est frais et salubre.

La Normandie forme 5 départements.

1. SEINE-INFÉRIEURE. 790 000 hab.

ROUEN ☨, 103 000 hab., patrie des deux poëtes Corneille; toiles de coton, nommées *rouenneries* (1).

Dieppe, joli port sur la Manche, bains renommés.

Le Havre, 90 000 hab., port très-commerçant à l'embouchure de la Seine, patrie de Casimir Delavigne.

Elbeuf, manufactures de draps.

(ARR. *Rouen, Dieppe, Neufchâtel, Yvetot* et *le Havre.*)

2. EURE. 378 000 hab.

ÉVREUX ☨, 13 000 hab., grande fabrique de coutils.
Louviers, draps fins.

(ARR. *Évreux, Pont-Audemer, les Andelys, Louviers* et *Bernay.*)

3. CALVADOS. 454 000 hab.

CAEN, 41 000 hab., sur l'Orne; ville commerçante et lettrée; patrie de Malherbe (2).
Bayeux ☨, fabrique de dentelles.
Lisieux, toiles et lainages.
Falaise, patrie de Guillaume le Conquérant; bonneterie, foire fameuse dans un faubourg nommé *Guibray.*

(1) C'est dans cette ville que Jeanne d Arc fut brûlée par les Anglais, en 1431.
(2) Caen renferme le tombeau de Guillaume le Conquérant.

Honfleur, port à l'embouchure de la Seine.
Trouville, bains de mer très-fréquentés.

(ARR. *Caen, Bayeux, Pont-l'Evêque, Lisieux, Falaise* et *Vire.*)

4. MANCHE. 545 000 hab.

SAINT-Lô, 9 000 hab.
Cherbourg, 36 000 hab., port militaire et commerçant.
Granville, commerce d'huîtres, pêchées sur le rocher de Cancale.
Coutances †, belle cathédrale gothique.

(ARR. *Saint-Lô, Cherbourg, Valognes, Coutances, Avranches* et *Mortain.*)

5. ORNE. 398 000 hab.

ALENÇON, 16 000 hab., dentelles renommées, cristaux de quartz appelés *diamants d'Alençon.*
Laigle, fabrique d'aiguilles et d'épingles.
Flers et *la Ferté-Macé,* coutils et toiles.
Séez †, magnifique cathédrale gothique.
La Grande-Trappe, monastère célèbre.

(ARR. *Alençon, Argentan, Domfront* et *Mortagne.*)

V. ILE-DE-FRANCE

65. Cette province est généralement composée de plaines, où l'on remarque une agriculture très-intelligente.

Elle forme 5 départements.

1. AISNE, 552 000 hab.

LAON, 10 000 hab.
Soissons †, victoire de Clovis sur Syagrius, général romain.

Saint-Quentin, 35 000 hab., renommé pour ses **tissus.**

La Fère, école d'artillerie.

, *Saint-Gobain,* manufacture de glaces.

(**Arr.** *Laon, Vervins, Saint-Quentin, Soissons* et *Château-Thierry.*)

2. OISE. 397 000 hab.

BEAUVAIS † (1), 16 000 hab., tapisseries.
Compiègne, où Jeanne d'Arc fut prise par les Anglais.

(**Arr.** *Beauvais, Compiègne, Clermont* et *Senlis.*)

3. SEINE-ET-OISE, 580 000 hab.

VERSAILLES †, 62 000 habitants, avec un château, des jardins et un parc, dont les merveilles rappellent la magnificence de Louis XIV. Cette ville est aujourd'hui la capitale politique de la France.
Poissy, grand marché de bestiaux pour l'approvisionnement de Paris.
Sèvres, manufacture de porcelaines.

(**Arr.** *Versailles, Pontoise, Mantes, Rambouillet, Corbeil* et *Étampes.*)

4. SEINE, 2 220 000 hab.

PARIS †, 1 852 000 hab., sur la Seine, capitale de la France, la plus belle ville du monde, et la deuxième de l'Europe en population et en richesse (2).

(1) Cette ville est fameuse par le siége qu'elle soutint en 1472 contre Charles le Téméraire ; les femmes, conduites par Jeanne Hachette, s'y couvrirent de gloire.

(2) Pendant l'invasion allemande, Paris subit un siége de cinq mois, et fut réduit par la disette à capituler. C'était à la fin de janvier 1871. Six semaines plus tard, il devenait la proie des gens de la Commune, qui le tinrent plus de deux mois sous le joug, et ne le lâchèrent qu'après avoir incendié avec le pétrole une partie de ses plus beaux monuments.

Saint-Denis, dont la magnifique église gothique renferme les tombeaux des rois de France.

Alfort, école vétérinaire.

(ARR. 2 en dehors des murs de Paris : *Saint-Denis* et *Sceaux*.)

5. SEINE-ET-MARNE, 342 000 hab.

MELUN, 11 000 hab., sur la Seine.
Meaux †, siége illustré par Bossuet.
Fontainebleau, ville et château célèbres, au milieu d'une forêt.

(ARR. *Melun, Meaux, Coulommiers, Provins* et *Fontainebleau*.)

VI. CHAMPAGNE

66. L'aspect de la Champagne est très-varié ; mais le sol est naturellement peu fertile. La Champagne est surtout fameuse par ses vins, qui sont pour elle une source de richesses considérables.

Cette province forme 4 départements.

1. ARDENNES, 320 000 hab.

MÉZIÈRES, 4 000 hab., place forte sur la Meuse.
Sedan, manufactures de draps ; ville trop fameuse par la grande bataille que les Français y perdirent contre les Allemands, le 2 septembre 1870, et après laquelle Napoléon III se constitua prisonnier.

(ARR. *Mézières, Rocroi, Sedan, Rethel* et *Vouziers*.)

2. MARNE, 386 000 hab.

CHALONS-SUR-MARNE †, 17 000 hab., école des arts et métiers.
Reims †, 72 000 habit., magnifique cathédrale gothique, étoffes de laines, biscuits, vins mousseux de Champagne ; patrie du grand ministre Colbert. C'est

dans cette ville que se faisait le sacre des rois de France.

Épernay, vins de Champagne.

(Arr. *Châlons, Reims, Sainte-Menehould, Épernay* et *Vitry.*)

3. Aube, 256 000 hab.

Troyes †, sur la Seine, 38 000 hab., bonneterie et cotonnades.

Clairvaux, célèbre abbaye, aujourd'hui convertie en maison de détention.

(Arr. *Troyes, Arcis-sur-Aube, Nogent-sur-Seine, Bar-sur-Aube* et *Bar-sur-Seine.*)

4. Haute-Marne, 251 000 hab.

Chaumont, 9 000 hab., sur la Marne.

Langres †, coutellerie renommée, meules de moulin.

(Arr. *Chaumont, Vassy* et *Langres.*)

RÉGION DE L'OUEST

I. LORRAINE

67. La Lorraine, arrosée par la Meurthe, la Meuse et la Moselle, présente de riches et agréables vallées, et les montagnes des Vosges en augmentent encore la beauté par leurs forêts et leurs gras pâturages.

Depuis le traité de Francfort (1871), cette province ne forme plus que 3 départements.

1. Meuse, 285 000 hab.

Bar-le-Duc, 15 000 hab., confitures estimées.

Verdun †, place de guerre, sur la Meuse ; dragées et liqueurs.

(ARR. *Bar-le-Duc, Montmédy, Verdun et Commercy*.)

2. MEURTHE-ET-MOSELLE, 365 000 hab.

NANCY †, 53 000 hab., l'une des plus belles villes de France.

(ARR. *Nancy, Briey, Toul et Lunéville*.)

3. VOSGES, 393 000 hab.

ÉPINAL, sur la Moselle, 12 000 hab., papeteries, grande fabrication d'images populaires.
Plombières, .eaux minérales.
Saint-Dié † (1).

(ARR. *Épinal, Neufchâteau, Mirecourt, Saint-Dié et Remiremont*.)

II. ALSACE

68. L'Alsace se distingue par l'activité de son commerce et par ses industries, qui sont très-variées. Parmi les principales cultures, on remarque, outre les céréales, le lin, le houblon, le tabac et la garance.

Depuis le désastreux traité de Francfort, elle ne comprend plus pour nous qu'un très-petit département.

1. HAUT-RHIN, 57 000 hab.

BELFORT, 8 000 hab., glorieux débris de l'ancien département du Haut-Rhin (2) ; place forte de 1re classe.

(ARRONDISSEMENT UNIQUE. *Belfort*.)

(1) C'est dans le département des Vosges que se trouve le petit village de *Domremy*, où naquit Jeanne d'Arc ; on y voit encore la chaumière de l'héroïne.
(2) Belfort se défendit héroïquement pendant l'invasion allemande, et obtint pour sa garnison les honneurs de la guerre.

III. FRANCHE-COMTÉ

69. La Franche-Comté est en partie couverte de montagnes. On y trouve de vastes forêts de sapins et de bons pâturages. La plaine est d'une telle fertilité, que toutes les cultures y prospèrent. Les Francs-Comtois s'adonnent aussi à l'industrie.

Cette province forme 3 départements.

1. HAUTE-SAÔNE, 303 000 hab.

VESOUL, 8 000 hab., avec une magnifique statue de la sainte Vierge, que les Vésuliens, préservés du choléra, ont élevée en 1854.

(ARR. *Vesoul, Lure* et *Gray.*)

2. DOUBS, 291 000 hab.

BESANÇON ✝, 49 000 hab., sur le Doubs ; place forte, dont la citadelle est située sur un roc inaccessible ; brasseries célèbres et horlogerie.

Pontarlier, grand commerce de liqueurs, principal entrepôt du fromage de Gruyère.

(ARR. *Besançon, Montbéliard, Baume-les-Dames* et *Pontarlier.*)

3. JURA, 288 000 hab.

LONS-LE-SAULNIER, 11 000 hab., bains d'eaux minérales salées.

Saint-Claude ✝, tournerie estimée à cause de la perfection du travail, surtout pour les petits objets.

(ARR. *Lons-le-Saulnier, Dôle, Poligny* et *Saint-Claude.*)

IV. BOURGOGNE

70. Des mines de fer abondantes, des forêts magnifiques, une agriculture perfectionnée, des troupeaux mo—

dèles, et, par-dessus tout, des vins célèbres dans le monde entier font de cette province une des plus riches de la France.

Elle forme 4 départements.

1. YONNE, 364 000 hab.

AUXERRE, 16 000 hab., port fréquenté sur l'Yonne, grand commerce de vins.

Sens ✝, sur l'Yonne, l'une des anciennes villes de la Gaule romaine.

(ARR. *Auxerre, Sens, Joigny, Tonnerre* et *Avallon.*)

2. CÔTE-D'OR, 375 000 hab.

DIJON ✝, 43 000 hab., ville riche et commerçante, patrie de Bossuet.

Beaune, vins excellents.

(ARR. *Dijon, Châtillon, Semur* et *Beaune.*)

3. SAÔNE-ET-LOIRE, 598 000 hab.

MACON, 18 000 hab., sur la Saône, grand commerce de vins.

Autun ✝, l'une des cités les plus florissantes de l'ancienne Gaule.

Châlon-sur-Saône, entrepôt de marchandises, à l'embouchure du canal du Centre.

Le Creusot, la première usine de France pour les ouvrages de fer.

(ARR. *Mâcon, Autun, Châlon-sur-Saône, Louhans* et *Charolles.*)

4. AIN, 363 000 hab.

BOURG, 14 000 hab.

Trévoux, célèbre au siècle dernier par le grand dictionnaire et le journal savant qu'y publièrent les Jésuites.

Belley ✝.

(ARR. *Bourg, Gex, Nantua, Trévoux* et *Belley.*)

V. LYONNAIS

71. Le territoire du Lyonnais est très-varié, mais peu fertile. La principale richesse consiste dans l'industrie manufacturière.

Le Lyonnais forme 2 départements.

1. Rhône, 670 000 hab.

Lyon ✝, au confluent du Rhône et de la Saône; la seconde ville de France, célèbre par son commerce de soieries; 323 000 hab. (1).

(Arr. *Lyon* et *Villefranche-sur-Saône*.)

2. Loire, 551 000 hab.

Saint-Étienne, 111 000 hab., l'une des villes les plus industrieuses de France; grandes manufactures d'armes, de quincaillerie et de coutellerie; rubans et soieries; mines de houille (2).

(Arr. *Saint-Étienne, Roanne* et *Montbrison*.)

VI. DAUPHINÉ

72. Le Dauphiné est appuyé contre les Alpes et couvert de leurs ramifications. Les terrains y sont généralement maigres et peu propres à la grande culture. En revanche, les forêts et les pâturages présentent une grande étendue.

(1) A Lyon se trouve le sanctuaire vénérable de *N.-D. de Four-vières*, qui domine toute la ville.

(2) Entre Saint-Étienne et Andrezieux se fit, en 1823, le premier chemin de fer que l'on ait construit chez nous avec l'intervention de l'État.

Cette province forme 3 départements.

1. ISÈRE, 576 000 hab.

GRENOBLE †, 43 000 hab., place forte sur l'Isère; ganterie renommée (1).

Cette ville est la patrie de Vaucanson, le plus illustre des mécaniciens français.

Vienne, ville très-ancienne, fabriques de draps et teintureries (2).

(APR. *Grenoble, la Tour-du-Pin, Vienne* et *Saint-Marcellin.*)

2. DRÔME, 320 000 hab.

VALENCE †, 21 000 hab., où l'on voit le mausolée du pape Pie VI, qui y mourut en 1799.

(ARR. *Valence, Die, Montélimar* et *Nyons.*)

3. HAUTES-ALPES, 119 000 hab.

GAP †, 9 000 hab.

Briançon, l'une des forteresses les plus importantes de France.

(ARR. *Gap, Briançon* et *Embrun.*)

VII. SAVOIE

73. Quoique la Savoie soit un pays de montagnes, elle offre cependant quelques plaines étendues et fertiles. Les pâturages, composés en grande partie de plantes aromatiques, y sont très-propres à la nourriture du bétail. Aucun pays n'offre des sites plus variés ni plus intéressants. Tous les accidents de la nature se trouvent en quelque sorte réunis dans cette région si pittoresque. La Savoie a été cédée à la France par la Sardaigne en 1860.

(1) Non loin de Grenoble, entre d'énormes montagnes, se trouve le célèbre monastère de la *Grande-Chartreuse.*
(2) On prétend que Pilate fut envoyé en exil à Vienne, et s'y donna la mort.

Cette province forme 2 départements.

1. HAUTE-SAVOIE, 273 000 hab.

ANNECY †, 12 000 hab., filatures de coton et fabriques de soieries.

Chamonix ou *Chamouny*, dans la haute vallée de ce nom et près du mont Blanc, lieu très-fréquenté par les touristes.

(ARR. *Annecy, Thonon, Saint-Julien et Bonneville.*)

2. SAVOIE, 268 000 hab.

CHAMBÉRY †, 19 000 hab., dans une situation des plus agréables.

Saint-Jean-de-Maurienne †.

Moutiers †, bains salés.

(ARR. *Chambéry, Albertville, Moutiers et Saint-Jean de Maurienne.*)

RÉGION DU SUD

I. COMTÉ DE NICE

74. Le climat de cette province est doux et sain. On y trouve l'olivier, l'oranger, le citronnier, au milieu de la plus fraîche végétation.

Le comté de Nice a été cédé à la France par la Sardaigne, en 1860.

Il forme 1 département.

1. ALPES-MARITIMES, 199 000 hab.

NICE †, 52 000 hab., avec un climat délicieux qui attire un grand nombre d'étrangers.

Grasse, parfumerie.

(ARR. *Nice, Puget-Théniers et Grasse.*)

II. PROVENCE

75. Le N.-E. de la Provence est couvert de montagnes et peu fertile ; mais, dans le S., un sol plus fécond et un climat plus chaud produisent des oranges, des olives et des raisins (1).

Cette province forme 3 départements.

1. BASSES-ALPES, 139 000 hab.

DIGNE †, 7 000 hab. ; fruits secs.

(ARR. *Digne, Barcelonnette, Sisteron, Forcalquier* et *Castellane.*)

2. VAR, 294 000 hab.

DRAGUIGNAN, dans une belle situation, 9 000 hab., ville dont les industries sont très-variées.
Toulon, 69 000 hab., ville forte, port militaire.
Fréjus †.

(ARR. *Draguignan, Brignolles* et *Toulon.*)

3. BOUCHES-DU-RHÔNE, 555 000 hab.

MARSEILLE †, 313 000 hab., ville très-ancienne, le premier port marchand de France ; grandes fabriques de savon (2).
Arles, l'une des cités les plus fameuses de la Gaule.

---

(1) Malheureusement ces côtes si belles sont fréquemment désolées par le MISTRAL : c'est un vent impétueux qui se lève des Cévennes, souffle avec fureur, couche les moissons, brise les arbres et renverse quelquefois les habitations elles-mêmes.
Les Provençaux parlent une langue dérivée du latin, qui fut célèbre au moyen âge, et dont les poésies sont pleines de grâce et de naïveté.
(2) On visite à Marseille le pieux sanctuaire de *N.-D. de la Garde.*

Aix ‡, ville célèbre au temps des Romains par ses eaux thermales, et aujourd'hui renommée pour son huile d'olive.

(ARR. *Marseille, Arles* et *Aix.*)

III. AVIGNONNAIS ET COMTAT VENAISSIN

76. On cultive principalement dans cette province la garance, la vigne et le mûrier.

L'Avignonnais et le comtat Venaissin forment 1 département.

1. VAUCLUSE, 264 000 hab.

AVIGNON ‡, sur le Rhône, 38 000 hab., commerce de garance. Cette ville a été pendant 72 ans la résidence des papes, de 1305 à 1377.

(ARR. *Avignon, Orange, Carpentras* et *Apt.*)

IV. LANGUEDOC

77. Le Languedoc, traversé par une chaîne de montagnes, est naturellement partagé en plusieurs régions dont la température est différente. Le S. donne les fruits des régions méridionales; l'O. est fertile, mais les productions sont moins précoces; le N. est un pays pauvre et couvert de montagnes.

Cette province forme 8 départements.

1. ARDÈCHE, 380 000 hab.

PRIVAS, 8 000 hab., commerce de soie, de vins et de cuirs tannés.

Viviers †.

Annonay, papeteries renommées; patrie des frères Montgolfier, qui inventèrent les ballons, en 1783.

(ARR. *Privas, Tournon* et *Largentière.*)

2. HAUTE-LOIRE, 309 000 hab.

LE PUY ✝, 20 000 hab., dentelles de lin et de soie (1).

(ARR. *Le Puy, Brioude* et *Yssingeaux.*)

3. LOZÈRE, 135 000 hab.

MENDE ✝, 7 000 hab., fabrique de serges.

(ARR. *Mende, Marjevols* et *Florac.*)

4. GARD, 420 000 hab.

NIMES ✝, 62 000 hab., dont un grand nombre de calvinistes; manufactures de soieries, antiquités romaines très-bien conservées.

Alais, filatures de soie, mines de fer et de charbon de terre.

Beaucaire, célèbre par sa foire, où se rendent des négociants de toutes les nations.

(ARR. *Nîmes, Alais, Uzès* et *le Vigan.*)

5. HÉRAULT, 430 000 hab.

MONTPELLIER ✝, 58 000 hab.; commerce de vins et d'eaux-de-vie, célèbre école de médecine.

Béziers, dans une situation délicieuse.

Cette, port très-commerçant, sur la Méditerranée.

(ARR. *Montpellier, Lodève, Saint-Pons* et *Béziers.*)

6. AUDE, 286 000 hab.

CARCASSONNE ✝, sur l'Aude, 24 000 hab., manufactures de draps noirs.

Narbonne, ville très-ancienne, miel renommé.

(ARR. *Carcassonne, Castelnaudary, Narbonne* et *Limoux.*)

(1) Sur une montagne qui domine la ville du Puy, on admire une statue colossale de la sainte Vierge, faite en 1855 avec les canons de fonte pris à Sébastopol.

7. Tarn, 353 000 hab.

Albi ✝, 18 000 hab., au milieu d'une belle plaine et sur la rive gauche du Tarn.

Castres, fabriques importantes de draps et de casimirs.

(**Arr.** *Albi, Gaillac, Lavaur et Castres.*)

8. Haute-Garonne, 479 000 hab.

Toulouse ✝, 125 000 hab., sur la Garonne. On y fabrique chaque année environ 300 000 faux et faucilles, et 120 000 paquets de limes.

Bagnères-de-Luchon, eaux thermales renommées.

(**Arr.** *Toulouse, Villefranche, Muret* et *Saint-Gaudens.*)

V. ROUSSILLON

78. Le Roussillon est un pays composé à la fois de plaines, de hautes montagnes et de vallées profondes. On y rencontre l'oranger, le grenadier, le myrte, l'aloès; on y trouve aussi des mines de fer et des carrières de beaux marbres.

Le Roussillon forme 1 département.

1. Pyrénées-Orientales, 192 000 hab.

Perpignan ✝, 27 000 hab., ville forte, grand commerce de vins.

(**Arr.** *Perpignan, Prades* et *Céret.*)

VI. COMTÉ DE FOIX

79. Outre les céréales, ce pays produit encore des raisins et d'autres fruits excellents.

Il forme 1 département.

1. Ariége, 246 000 hab.

Foix, 9 000 hab., sur l'Ariége, fabriques d'acier.

Pamiers ✝, fabriques d'acier considérables.

(**Arr.** *Foix, Pamiers* et *Saint-Girons.*)

VII. GUIENNE ET GASCOGNE

80. Comme cette province est très-étendue, l'aspect et le climat y varient beaucoup. Entre la Garonne et l'Océan, on trouve les solitudes des Landes. La vallée du fleuve, au contraire, se fait remarquer par une grande fertilité. Au pied des Pyrénées, s'étendent de belles plaines et de vertes prairies (1).

Cette province forme 9 départements.

1. DORDOGNE, 480 000 hab.

PÉRIGUEUX †, 22 000 hab., grand marché de truffes et de porcs.

(ARR. *Périgueux, Nontron, Ribérac, Sarlat* et *Bergerac.*)

2. GIRONDE, 705 000 hab.

BORDEAUX ‡, 194 000 hab., sur la Garonne, la plus belle ville de France après la capitale ; commerce immense de vins ; port très-important.

(ARR. *Bordeaux, Lesparre, Blaye, Libourne, la Réole* et *Bazas.*)

3. LOT-ET-GARONNE, 319 000 hab.

AGEN †, sur la Garonne, 19 000 hab.; pruneaux renommés.

Tonneins, grande manufacture de tabac.

(ARR. *Agen, Marmande, Villeneuve* et *Nérac.*)

4. LOT, 281 000 hab.

CAHORS †, sur le Lot, 15 000 hab.

(ARR. *Cahors, Gourdon* et *Figeac.*)

(1) Les montagnes, avec leurs pics neigeux, leurs cascades et leurs précipices, présentent des sites admirables, et renferment des eaux thermales, où les baigneurs se rendent de tous les pays, pendant la bonne saison.

5. Aveyron (1), 403 000 hab.

Rodez ✝, 12 000 hab., sur l'Aveyron.

(**Arr.** *Rodez, Espalion, Villefranche, Millau* et *Saint-Affrique.*)

6. Tarn-et-Garonne, 222 000 hab.

Montauban ✝, sur le Tarn, 26 000 hab., faculté de théologie protestante.

(**Arr.** *Montauban, Moissac* et *Castel-Sarrazin.*)

7. Gers, 285 000 hab.

Auch ✝, 13 000 hab., sur le Gers, commerce d'eaux-de-vie.

(**Arr.** *Auch, Condom, Lectoure, Mirande* et *Lombez.*)

8. Landes, 301 000 hab.

Mont-de-Marsan, 9 000 hab.

Dax, eaux thermales presque brûlantes. Près de Dax est le petit village de *Pouy,* où naquit saint Vincent de Paul.

Aire ✝.

(**Arr.** *Mont-de-Marsan, Saint-Sever* et *Dax.*)

9. Hautes-Pyrénées, 235 000 hab.

Tarbes ✝, 17 000 hab., sur l'Adour.

Bagnères-de-Bigorre, eaux minérales très-fréquentées.

(**Arr.** *Tarbes, Bagnères* et *Argelès.*)

---

(1) Dans tout le département, on s'occupe activement de la préparation des cuirs pour gants et reliure.

VIII. BÉARN

81. Le Béarn, couvert de montagnes et de collines, est riche en bois, en minéraux et en métaux.

Il forme 1 département.

1. BASSES-PYRÉNÉES, 427 000 hab.

PAU, 27 000 hab., patrie de Henri IV.

Bayonne ✝, sur le golfe de Gascogne; commerce actif; place forte de 1re classe.

(ARR. *Pau, Bayonne, Orthez, Mauléon et Oloron*.)

RÉGION DE L'OUEST

I. AUNIS

82. L'Aunis est un pays de plaines, où l'agriculture est très-avancée. On y trouve aussi des vignobles en assez grand nombre. Cette province fait un commerce considérable d'eau-de-vie.

L'Aunis forme 1 département.

1. CHARENTE-INFÉRIEURE, 466 000 hab.

LA ROCHELLE ✝ (1), 20 000 hab., port de commerce sur l'Océan.

Rochefort, port militaire sur la Charente.

(ARR. *La Rochelle, Rochefort, Marennes, Saint-Jean-d'Angély, Saintes et Jonzac*.)

---

(1) Cette ville est célèbre par le siége que les protestants y soutinrent, en 1628, contre le cardinal de Richelieu.

II. ANGOUMOIS ET SAINTONGE

83. La principale richesse de ce pays consiste en vin, dont on récolte une énorme quantité et que l'on convertit en eaux-de-vie.

Cette province forme 1 département.

1. CHARENTE, 368 000 hab.

ANGOULÊME †, 26 000 hab., sur la Charente, fabriques de papiers très-estimés, surtout comme papiers à lettres.

Cognac, eaux-de-vie renommées.

(ARR. *Angoulême, Ruffec, Confolens, Cognac* et *Barbezieux.*)

III. POITOU

84. Le sol, assez diversifié, présente un petit nombre de montagnes, beaucoup de plaines d'ailleurs plus ou moins fertiles, quelques marais, des bois en quantité et de bons pâturages.

Le Poitou forme 3 départements.

1. VIENNE, 321 000 hab.

POITIERS †, 30 000 hab., tanneries considérables. Près de cette ville ont eu lieu plusieurs grandes batailles. La plus fameuse est celle où Charles Martel défit les Sarrasins, en 732.

Châtellerault, coutellerie renommée, manufacture d'armes.

(ARR. *Poitiers, Loudun, Châtellerault, Montmorillon* et *Civray.*)

2. DEUX-SÈVRES, 331 000 hab.

NIORT, sur la Sèvre niortaise, 21 000 hab., fabrique de gants.

(ARR. *Niort, Bressuire, Parthenay* et *Melle.*

3. Vendée, 401 000 hab.

La Roche-sur-Yon (1), 9 000 hab.

Luçon †, dont Richelieu fut évêque.

(Arr. *La Roche-sur-Yon, les Sables-d'Olonne* et *Fontenay-le-Comte.*)

IV. ANJOU

85. Cette province, traversée par la Loire, est fertile et renferme d'excellents pâturages. On y trouve aussi des carrières d'ardoises et d'abondantes mines de houille.

L'Anjou forme 1 département.

1. Maine-et-Loire, 519 000 hab.

Angers †, 59 000 hab., sur la Maine, grand commerce d'ardoises.

Saumur, école de cavalerie.

Cholet, toiles et mouchoirs ; commerce de bœufs.

(Arr. *Angers, Segré, Baugé, Saumur* et *Cholet.*)

V. MAINE

86. Cette province est assez fertile. Elle renferme des carrières de marbre et d'ardoises ; mais le principal produit, ce sont les volailles.

Le Maine forme 2 départements.

1. Sarthe, 447 000 hab.

Le Mans †, 47 000 hab., sur la Sarthe, commerce de bougies et de volailles.

La Flèche, prytanée ou école préparatoire militaire.

(Arr. *Le Mans, Mamers, Saint-Calais* et *la Flèche.*)

(1) Cette ville a été appelée successivement *la Roche-sur-Yon, Napoléon-Vendée, Bourbon-Vendée.*

2. Mayenne, 351 000 hab.

Laval ✝, 26 000 hab., sur la Mayenne, fabriques de toiles.

Mayenne, fabriques de toiles et de coutils.

(Arr. *Laval, Mayenne* et *Château-Gonthier.*)

VI. BRETAGNE

87. Cette province, fertile et entrecoupée de rivières dans le voisinage de la mer, n'offre guère à l'intérieur que des pâturages maigres, des landes incultes, des rochers de granit et des collines d'un aspect sauvage. La population diffère notablement des populations voisines par son attachement à sa religion, à son pays, à ses habitudes, et par une singulière énergie.

Cette province forme 5 départements.

1. Ille-et-Vilaine, 590 000 hab.

Rennes ✝, 52 000 hab., au confluent de l'Ille et de la Vilaine.

Saint-Malo, port très-fréquenté.

(Arr. *Rennes, Saint-Malo, Fougères, Montfort, Vitré* et *Redon.*)

2. Côtes-du-Nord, 622 000 hab.

Saint-Brieuc ✝, 15 000 hab., port à une lieue de la mer, sur le Gouet.

Guingamp, fabriques de tissus qui portent le nom de la ville.

Loudéac, centre principal de la fabrication des *toiles de Bretagne.*

(Arr. *Saint-Brieuc, Lannion, Guingamp, Dinan* et *Loudéac.*)

3. Finistère, 643 000 hab.

Quimper ou Quimper-Corentin ✝, 13 000 hab.

Brest, le premier port militaire de la France, un des plus vastes et des plus sûrs de l'Europe.

Morlaix, bon port ; manufacture de tabacs.

(ARR. *Quimper, Morlaix, Brest, Châteaulin* et *Quimperlé.*)

4. MORBIHAN (1), 490 000 hab.

VANNES †, 15 000 hab., ville commerçante.

Auray, petit port sur la rivière de ce nom (2).

Lorient, port militaire.

(ARR. *Vannes, Pontivy, Ploërmel* et *Lorient.*)

5. LOIRE-INFÉRIEURE, 602 000 hab.

NANTES †, sur la Loire, 119 000 hab., l'une des cités les plus populeuses et les plus commerçantes de la France (3).

Saint-Nazaire, port de commerce important, à l'embouchure de la Loire.

(ARR. *Nantes, Châteaubriant, Ancenis, Saint-Nazaire* et *Paimbœuf.*)

---

(1) C'est dans le département du Morbihan que se trouve la trop fameuse presqu'île de *Quiberon,* où débarqua et périt, en 1795, l'élite de la noblesse française.

(2) Près de cette ville s'élève la chapelle de Sainte-Anne-d'Auray, célèbre sanctuaire qui attire chaque année une foule immense de pèlerins.

(3) Cette ville est célèbre par le fameux *édit de Nantes* que Henri IV y porta en faveur des protestants, et que Louis XIV révoqua ensuite.

Nantes fut, pendant la Terreur, le théâtre des horribles noyades du féroce Carrier.

RÉGION DU CENTRE

I. ORLÉANAIS

88. Cette province est très-fertile : elle comprend la Beauce, qui est considérée comme le grenier de la France. Il faut cependant excepter la partie méridionale, dont les produits sont peu abondants.

L'Orléanais forme 3 départements.

1. EURE-ET-LOIR, 283 000 hab.

CHARTRES ✝, sur l'Eure, 20 000 hab., grand marché de blé ; la cathédrale est un des chefs-d'œuvre du style gothique.

(ARR. *Chartres, Dreux, Nogent-le-Rotrou et Château-dun.*)

2. LOIRET, 353 000 hab.

ORLÉANS ✝, 49 000 hab., grande et belle ville sur la Loire ; commerce de vins et de vinaigre. Cette ville est célèbre par le siége que fit lever Jeanne d'Arc, en 1429.

(ARR. *Orléans, Pithiviers, Montargis et Gien.*)

3. LOIR-ET-CHER, 269 000 hab.

BLOIS ✝, sur la Loire, 20 000 hab., château fameux.

(ARR. *Blois, Vendôme et Romorantin.*)

II. TOURAINE

89. La Touraine a été nommée le *jardin de la France,* et elle mérite bien ce nom, à cause de sa fertilité et de ses délicieux paysages.

Elle forme 1 département.

1. Indre-et-Loire, 317 000 hab.

Tours ✝, sur la Loire, 43 000 hab.; important commerce d'imprimerie et de librairie (1).

Amboise, avec un magnifique château.

(Arr. *Tours, Chinon* et *Loches*.)

III. BERRI

90. Le Berri est un pays généralement plat et peu fertile : on y trouve cependant de bonnes prairies, qui nourrissent des moutons très-recherchés.

Le Berri forme 2 départements.

1. Cher, 335 000 hab.

Bourges ✝, 30 000 hab., belle cathédrale **gothique.**
Vierzon, manufactures de porcelaines.

(Arr. *Bourges, Sancerre* et *Saint-Amand*.)

2. Indre, 278 000 hab.

Chateauroux, 19 000 hab.; fabrique de draps communs, manufacture importante de tabacs.

(Arr. *Châteauroux, Issoudun, le Blanc* et *la Châtre*.)

IV. NIVERNAIS

91. Un tiers du Nivernais est couvert de forêts; on rencontre de toutes parts des roches granitiques, des plaines sablonneuses et des landes stériles, mais aussi des richesses minérales en abondance. Le Nivernais renferme un grand nombre d'usines très-considérables.

Cette province forme 1 département.

(1) Auprès de cette ville, on voit les ruines du château de *Plessis-lez-Tours*, où Louis XI passa les dernières années de sa vie et dans lequel il mourut.

1. **Nièvre**, 340 000 hab.

Nevers †, 22 000 hab., sur la Loire, commerce de fer et de bois ; fonderie de canons.

(**Arr.** *Nevers, Cosne, Clamecy* et *Château-Chinon.*)

V. BOURBONNAIS

92. Quoique boisée et marécageuse, cette contrée produit une quantité suffisante de céréales. L'industrie surtout s'y est développée, à cause des mines de fer et de houille qu'elle renferme en abondance.

Le Bourbonnais forme 1 département.

1. **Allier**, 391 000 hab.

Moulins †, sur l'Allier, 20 000 hab. ; cordes d'instruments, cordages et câbles.

Montluçon, forges et fabriques de glaces.

Vichy, eaux thermales, rendez-vous de la haute société.

(**Arr.** *Moulins, Montluçon, la Palisse* et *Gannat.*)

VI. MARCHE

93. C'est une contrée montagneuse et froide, qui fournit peu de grains, et dont la principale richesse consiste en pâturages.

Elle forme 1 département.

1. **Creuse**, 275 000 hab.

Guéret, 6 000 hab.

Aubusson, tapis estimés.

(**Arr.** *Guéret, Boussac, Bourganeuf* et *Aubusson.*)

VII. AUVERGNE

94. L'Auvergne, contrée montagneuse et volcanique, est peu fertile. On y rencontre de toutes parts des masses énormes de rochers, des landes arides, et de vastes forêts de pins et de hêtres. Dans certaines parties, la terre est couverte de neige pendant six à sept mois de l'année, et le froid est très-intense. Néanmoins, la vallée que l'on appelle *Limagne*, est une des plus fécondes et des plus riantes de la France.

L'Auvergne forme 2 départements.

1. PUY-DE-DÔME, 567 000 hab.

CLERMONT-FERRAND +, 37 000 hab., patrie de Pascal.

Riom, ville importante par la cour d'appel dont elle est le siége.

(ARR. *Clermont-Ferrand. Riom, Thiers, Ambert* et *Issoire.*)

2. CANTAL, 232 000 hab.

AURILLAC, 11 000 hab., patrie du savant Gerbert, qui devint pape sous le nom de Sylvestre II, et fit connaître en France les horloges à roues.

Saint-Flour +.

L'industrie et le commerce du Cantal consistent principalement en chaudronnerie.

(ARR. *Aurillac, Mauriac, Murat* et *Saint-Flour.*)

VIII. LIMOUSIN

95. Le Limousin est un pays pauvre et peu fertile : aussi les habitants mènent-ils une vie assez misérable. Il renferme pourtant de vastes pâturages, où l'on élève de bons chevaux.

Le Limousin forme 2 départements.

1. HAUTE-VIENNE, 322 000 hab.

LIMOGES +, sur la Vienne, 55 000 hab.; ville commerçante ; manufactures de porcelaine.

Saint-Yrieix, carrières de kaolin et de pétunzé, deux substances dont se compose la porcelaine.

(ARR. *Limoges, Bellac, Rochechouart* et *Saint-Yrieix.*)

2. CORRÈZE, 303 000 hab.

TULLE †, sur la Corrèze, 14 000 hab., manufacture d'armes à feu pour l'armée (1).

(ARR. *Tulle, Ussel* et *Brives.*)

ILE DE CORSE

96. La Corse est couverte de montagnes, et fournit des bois de construction.

Cette île forme 1 département.

1. CORSE, 259 000 hab.

AJACCIO †, 17 000 hab., bon port ; patrie de Napoléon Ier.

Bastia, place forte et ville commerçante.

(ARR. *Ajaccio, Bastia, Calvi, Corté* et *Sartène.*)

---

97. DIVISION ECCLÉSIASTIQUE. Il y a en France 17 archevêchés, et 67 évêchés. L'Algérie compte de plus 1 archevêché et 2 évêchés suffragants.

98. DIVISION JUDICIAIRE. Il y a une *justice de paix* par canton ; un *tribunal de première instance* par arrondissement ; 26 *cours d'appel ;* enfin une *cour de cassation,* qui siége à Paris.

99. DIVISION MILITAIRE. La France est partagée en

---

(1) C'est dans cette ville qu'on a commencé à fabriquer le tissu léger appelé *tulle ;* on le fait aujourd'hui principalement dans le Nord de la France.

18 régions militaires et en subdivisions de région. Chaque région est occupée par un corps d'armée qui y tient garnison. Un corps d'armée spécial est en outre affecté à l'Algérie (1).

100. DIVISION MARITIME. On a partagé les côtes de France en 5 *préfectures maritimes,* qui correspondent aux 5 ports militaires, et qui se divisent en *arrondissements.* Chaque préfecture est administrée par un *préfet maritime,* et chaque arrondissement par un *commissaire général de marine* (2).

101. ARMÉE. Tout Français propre au service fait partie de l'armée jusqu'à 40 ans, savoir : de l'armée active pendant 5 ans ; de la réserve de l'armée active pendant 4 ans ; de l'armée territoriale pendant 5 ans ; et de la réserve de l'armée territoriale pendant 6 ans. Ainsi composée, l'armée française compte plus de 2 millions d'hommes, dont environ 500 000 hommes d'armée active.

102. MARINE. La flotte comprenait, en 1875, 92 vaisseaux appareillés dont 7 blindés et 85 non blindés ; de plus, 62 vaisseaux d'école ou de service et 78 vaisseaux de réserve. Le tout portait 28 000 hommes d'équipage.

103. CANAUX. Les principaux canaux sont :
Le canal de Saint-Quentin, qui unit la Seine à l'Escaut ;
Le canal de la Sambre à l'Oise ;
Le canal de la Marne au Rhin ou canal de l'Est ;

---

(1) Les chefs-lieux de régions militaires sont, par ordre de corps d'armée : *Lille, Amiens, Rouen, le Mans, Orléans, Châlons, Besançon, Bourges, Tours, Rennes, Nantes, Limoges, Clermont-Ferrand, Grenoble, Marseille, Montpellier, Toulouse, Bordeaux.*
(2) Les cinq ports militaires sont : *Cherbourg,* sur la Manche ; *Brest, Lorient* et *Rochefort* *, sur l'Océan ; *Toulon,* sur la Méditerranée.

* En réalité, Rochefort est sur la Charente, mais près de son embouchure.

Le canal du Rhône au Rhin;
Le canal de Bourgogne, qui unit l'Yonne à la Saône;
Le canal du Nivernais, de l'Yonne à la Loire;
Le canal du Midi, qui joint la Garonne à la Méditerranée;
Le canal de Brest à Nantes, qui traverse la Bretagne;
Le canal de Briare, qui unit la Seine à la Loire;
Le canal du Centre, qui unit la Loire à la Saône.

104. CHEMINS DE FER. La France est maintenant sillonnée en tous sens par une multitude de chemins de fer, qui relient entre elles les villes de quelque importance. Les six grands réseaux de voies ferrées sont ceux de l'Ouest, du Nord, de l'Est, de Paris-Lyon-Méditerranée, d'Orléans et du Midi.

105. INDUSTRIE. L'industrie française est au premier rang des industries modernes. Elle est particulièrement florissante dans le Nord, dans l'Est, et dans les villes maritimes; le centre du pays est plus spécialement agricole.

106. COMMERCE. Le commerce intérieur est puissamment aidé par les canaux et les chemins de fer. Le commerce extérieur, soit d'importation, soit d'exportation, représente annuellement, en moyenne, une valeur de plus de 4 milliards.

107. FINANCES. Les recettes et les dépenses sont, chaque année, de 2 milliards et demi. Quant à la dette, elle dépasse 23 milliards.

108. COLONIES. Les principales sont :

En Asie :

Le Sud de la *Cochinchine;* et, dans l'Hindoustan, plusieurs villes, dont la plus importante est *Pondichéry.*

En Afrique :

L'*Algérie,* le *bassin du Sénégal, quelques comp-*

toirs sur les côtes de la Guinée, *quelques îles* autour de Madagascar (*île de la Réunion, Sainte-Marie, etc.*).

En Amérique :

Saint-Pierre et Miquelon, au S. de Terre-Neuve; les *Antilles françaises* (la *Guadeloupe*, la *Martinique, etc.*) et la *Guyane française*.

Dans l'Océanie :

La *Nouvelle-Calédonie*, les *îles Marquises*, etc.

TABLEAU

DES DÉPARTEMENTS ET DES ARRONDISSEMENTS
EN VERS TECHNIQUES (1)

109. 1. NORD a LILLE, *Hazebrouck, Avesnes et Douai,*
    Dunkerque au vaste port, *Valenciennes, Cambrai* ✝.

2. PAS-DE CALAIS possède ARRAS ✝ et *Saint-Omer,*
    Montreuil, Saint-Pol, Béthune et *Boulogne-sur-Mer.*

3. SOMME renferme AMIENS ✝, belle et savante ville,
    Péronne avec *Doullens, Montdidier, Abbeville.*

4. SEINE-INFÉRIEURE a ROUEN ✝, *Neufchâtel, Yvetot,*
    Dieppe aux bains, et le *Havre*, espoir du matelot.

5. EURE contient ÉVREUX ✝, *Louviers, Pont-Audemer,*
    Bernay, les Andelys, formés d'un nombre pair.

6. Au CALVADOS on voit CAEN, puis *Vire et Bayeux* ✝,
    Falaise au vieux castel, *Pont-l'Évêque, Lisieux.*

7. MANCHE : SAINT-LÔ, *Cherbourg*, au fond du Cotentin,
    Coutances ✝ et *Valogne* (s), *Avranches* et *Mortain.*

8. ORNE : ALENÇON, *Mortagne*, où se battit maint preux;
    Argentan, et Domfront, sur son roc sourcilleux.

---

(1) Pour tirer quelque parti des vers techniques qui suivent, l'élève devra savoir les scander, c'est-à-dire en bien vérifier la mesure.

9. L'AISNE a Laon et *Soissons* †, lieu funeste au Romain (1),
Avec *Château-Thierry*, *Vervins* et *Saint-Quentin*.

10. Dans l'OISE on a Beauvais †, à la superbe église ;
Clermont, *Senlis*, *Compiègne*, où Jeanne d'Arc fut prise.

11. Versailles † capitale illustre SEINE-ET-OISE ;
Étampes, *Rambouillet*, *Mantes*, *Corbeil*, *Pontoise*.

12. SEINE a Paris †, cité par le feu désolée (2) ;
Et *Sceaux*, et *Saint-Denis*, de nos rois mausolée.

13. SEINE-ET-MARNE : Melun, et *Coulommiers*, et *Meaux* †,
Fontainebleau, *Provins*, renommé pour ses eaux.

14. Aux ARDENNES on voit Mézières, sur la Meuse ;
Rocroy, *Vouziers*, *Rethel*, *Sedan*, ville fameuse.

15. Dans la MARNE : Chalons †, *Vitry*, puis *Épernay*,
Et *Sainte-Menehould*, *Reims* †, où Colbert est né.

16. Dans l'AUBE se voit Troye(s) †, au traité flétrissant (3) ;
Sur Aube, *Bar*, *Arcis* ; sur Seine, *Bar*, *Nogent*.

17. HAUTE-MARNE : Chaumont, *Langres* †, sur sa colline,
Et *Vassy*, qui vit naître une guerre intestine (4).

18. MEUSE aura Bar-le-Duc, *Verdun* †, sur sa rivière,
Commercy, *Montmédy*, non loin de la frontière.

19. MEURTHE-ET-MOSELLE, hélas ! composé de débris,
A Nancy †, *Lunévil(le)*, *Toul* et *Briey*, non pris (5).

20. Aux VOSGES Épinal, assise au bord de l'eau ;
Remiremont, *Saint-Dié* †, *Mirecourt*, *Neufchâteau*.

21. HAUT-RHIN ne garde plus que le brave Belfort,
Qui de l'Alsace a pu fuir le malheureux sort.

22. HAUTE-SAONE a Vesoul, du soleil vieux tombeau (6),
L'ancienne *Lure*, et *Gray*, qui construit le bateau.

(1) Par la défaite de Syagrius et la victoire de Clovis, les Romains perdirent, à la bataille de Soissons, toute domination sur les Gaules.

(2) On se rappelle les effroyables incendies de 1871.

(3) *Troyes* est tristement célèbre par le traité de 1420, qui transportait la couronne de France au roi d'Angleterre.

(4) A *Vassy* commencèrent, en 1562, les guerres civiles et religieuses qui ensanglantèrent le xvie et le xviie siècle.

(5) Comme on le sait trop, tout le département de la Moselle, sauf l'arrondissement de *Briey*, a été pris par les Allemands. Ils ont pris de même, dans le département de la Meurthe, les arrondissements de *Château-Salins* et de *Sarrebourg*.

(6) Vesoul signifie *tombeau du soleil*.

23. BESANÇON †, dans le DOUBS, gouverne *Pontarlier*,
  Baume, Montbéliard, qui vit naître Cuvier.

24. JURA : LONS-LE-SAULNIER, aux sources d'eaux salées ;
  Saint-Claude †, *Poligny, Dôle*, aux vives mêlées (1).

25. Dans l'YONNE l'on voit, avec l'antique AUXERRE,
  Joigny, fertile en vins, *Sens* ‡, *Avallon, Tonnerre*.

26. SAONE-ET-LOIRE : MACON, *Charolles* et *Louhans*,
  Châlon-sur-Saône, Autun †, fier de ses monuments.

27. La COTE-D'OR contient la savante DIJON †,
  Beaune, aux vins renommés, *Semur* et *Châtillon*.

28. Dans l'AIN se trouvent BOURG, *Trévoux* avec *Belley* †,
  Nantua, près de son lac, *Gex*, non loin de Ferney (2).

29. RHONE : LYON ‡ l'antique, où les eaux de la Saône,
  Ayant vu *Villefranche*, arrivent dans le Rhône.

30. La LOIRE a SAINT-ÉTIENNE, au fond d'un beau vallon,
  Et l'on voit sous ses lois *Roanne* et *Montbrison*.

31. Dans l'ISÈRE : GRENOBLE † avec *Saint-Marcellin* ;
  Vienne, où mourut Pilate, enfin la *Tour-du-Pin*.

32. La DROME aura VALENCE †, entrepôt de soierie ;
  Nyons, au pont géant, *Montélimar* et *Die*.

33. HAUTES-ALPES ont GAP †, qui vit les Sarrasins ;
  Embrun et *Briançon*, aux fameux souterrains.

34. ANNECY †, *Saint-Jullien*, dans la HAUTE-SAVOIE ;
  Bonneville, Thonon, la dernière qu'on voie (3).

35. SAVOIE a CHAMBÉRY ‡, sur l'Isère *Moutiers* †.
  Saint-Jean †, puis *Albertville*, au pied de ses rochers.

36. Avec la belle NICE †, aux ALPES-MARITIMES,
  Puget-Theniers et *Grasse*, auprès de hautes cimes.

37. Qu'aux BASSES-ALPES DIGNE † et *Forcalquier* l'on mette,
  Sisteron, Castellane, avec *Barcelonnette*.

38. VAR contient DRAGUIGNAN, en huile commerçante ;
  Brignolles, et *Toulon* par ses flottes puissante.

39. BOUCHES-DU-RHONE auront MARSEILLE †, au vaste port ;
  Arles, sur le Rhône, *Aix* ‡, qu'ennoblit Tournefort (4).

(1) De nombreux combats se sont livrés sous les murs de Dôle,
principalement au XVII⁺ siècle.

(2) *Ferney* fut, au siècle dernier, le séjour de Voltaire, et comme
le rendez-vous des soi-disant philosophes.

(3) *Thonon*, sur le lac de Genève, est, de ce côté, la plus reculée
des villes de France.

(4) *Tournefort*, fameux botaniste du XVII⁺ siècle.

40. La **VAUCLUSE** : Avignon ☩, où le Pape n'est plus ;
Carpentras, *Apt*, *Orange*, à l'arc de Marius.

41. Dans l'**ARDÈCHE** : Privas avecque *Largentière ;*
Sur le Rhône, *Tournon*, qui de deux ponts est fière.

42. **HAUTE-LOIRE** : le Puy ☩, que la Vierge domine ;
Yssingeaux et *Brioude*, à la nef byzantine.

43. **LOZÈRE** contient Mende ☩, aux clochers élégants ;
Marvejols et *Florac*, en des sites charmants.

44. Le **GARD** renferme Nîme(s) ☩, aux arènes romaines,
Uzès et le *Vigan*, *Alais*, près des Cévennes. ·

45. Dans l'**HÉRAULT** on aura Montpellier ☩ et *Saint-Pons*,
L'agréable *Béziers*, *Lodève*, au pied des monts.

46. Dans l'**AUDE** nous mettrons la vieille Carcassonne ☩,
Puis *Castelnaudary*, *Limoux*, enfin *Narbonne*.

47. Le **TARN** contient Albi ☩, d'où sortit l'hérésie (1) ;
Gaillac, *Castres*, *Lavaur*, à la belle soierie.

48. **HAUTE-GARONNE** aura Toulouse ☩, aux jeux Floraux ;
Villefranche, *Muret*, *Saint-Gaudens*, près des eaux.

49. **PYRÉNÉES D'ORIENT** ont Perpignan ☩, lieu fort,
Céret au pont fameux, et *Prades* plus au Nord.

50. Dans l'**ARIÉGE** : Foix, connu pour ses aciers,
Avecque *Saint-Girons ;* sur l'Ariége *Pamiers* ☩.

51. La **DORDOGNE** contient Périgueux ☩, *Ribérac*,
Sarlat, au grès fameux, *Nontron* et *Bergerac*.

52. **GIRONDE** a Bordeaux ☩, *Blaye*, où le vaisseau séjourne :
Lesparre, la *Réole*, et *Bazas*, et *Livourne*.

53. **LOT-ET-GARONNE** : Agen ☩, sur le bord de son fleuve,
Marmande aux bons pruneaux, *Nérac* et *Villeneuve*.

54. **LOT** renferme Cahors ☩, qui vit naître Marot (2) ;
Gourdon, en truffes riche, et *Figeac*, sur le Lot.

55. **TARN-ET-GARONNE** aura Montauban ☩, belle ville,
Et *Castel-Sarrasin*, *Moissac*, en grains fertile.

56. **GERS** : Auch ☩, dont l'eau-de-vie est en très-grand renom ;
Et *Mirande*, et *Lombez*, et *Lectoure*, et *Condom*.

57. **AVEYRON** a Rodez ☩, dont l'église est gothique ;
Milhau, puis *Villefranche*, *Espalion*, *Saint-Affrique*.

58. **LANDES** : Mont-de-Marsan, *Dax*, aux brûlantes eaux ;
Sur l'Adour, *Saint-Sever*, avec ses vieux créneaux.

(1) L'hérésie des Albigeois, qui renouvelèrent au moyen âge les
erreurs des Manichéens.
(2) *Marot*, célèbre poëte protestant du siècle de François Ier.

59. On voit TARBES ✝, la belle, aux HAUTES-PYRÉNÉES ;
    Bagnères, Argelès, régions fortunées (1).

60. PAU, *Mauléon, Bayonne* ✝, aux BASSES-PYRÉNÉES,
    Orthez, puis *Oloron* doivent être données.

61. CHARENTE-INFÉRIEURE a la ROCHELLE ✝, bon **port**;
    Saintes, Jonzac, Saint-Jean, Marennes, Rochefort.

62. La CHARENTE : ANGOULÊME ✝, où se montra Balzac (2);
    Confolens et Ruffec, Barbezieux et Cognac.

63. Dans la VIENNE : POITIERS ✝, où fut pris Jean le Bon;
    Loudun, Châtellerault, Civray, Montmorillon.

64. DEUX-SÈVRES ont NIORT, à l'antique château ;
    Bressuire, Parthenay, Melle, sur un coteau.

65. Dans la VENDÉE on voit, et la ROCHE, et les *Sables*,
    Et *Fontenay-le-Comte*, aux débris remarquables.

66. MAINE-ET-LOIRE renferme ANGERS ✝, la ville noire (3);
    Segré, Beaugé, Cholet, puis *Saumur*, sur la Loire.

67. SARTHE : le MANS ✝, cité par les Bleus ruinée;
    Saint-Calais et Mamers, la *Flèche*, au prytanée.

68. La MAYENNE : LAVAL ✝, où l'on tisse le fil ;
    Château-Gonthier, Mayenne, au célèbre coutil.

69. ILLE-ET-VILAINE aura RENNES ✝, *Vitré, Montfort,*
    Fougères et *Redon*, et *Saint-Malo*, bon port.

70. Dans les COTES-DU-NORD : SAINT-BRIEUC ✝ et *Dinan,*
    Lannion, près de la mer, *Loudéac* et *Guingamp.*

71. FINISTÈRE : QUIMPER ✝, que convoita l'Anglais (4);
    Quimperlé, Châteaulin, avec *Brest* et *Morlaix.*

72. VANNES ✝ au MORBIHAN, vis-à-vis de Belle-Ile;
    Pontivy, Ploërmel, Lorient, superbe ville.

73. LOIRE-INFÉRIEURE a NANTES ✝, *Châteaubriant,*
    Saint-Nazaire, Ancenis, Paimbœuf, port commerçant.

74. EURE-ET-LOIR contient CHARTRE(s) ✝, entrepôt de froment;
    Dreux, au royal tombeau (5), *Châteaudun* et *Nogent.*

---

(1) Les vallées de Bagnères et d'Argelès doivent être comptées parmi les plus belles de France.

(2) *Balzac*, écrivain élégant, l'un des réformateurs de la langue française, au xviie siècle.

(3) Angers a reçu ce nom parce que ses maisons, toutes couvertes en ardoise, lui donnent un aspect un peu sombre.

(4) Les Anglais on fait sur *Quimper* de fréquentes tentatives.

(5) A *Dreux* se trouve une magnifique chapelle que Louis-Philippe fit élever pour servir de sépulture à toute sa famille.

75. Au LOIRET : ORLÉANS †, où brilla la Pucelle ;
   Montargis, Pithiviers, Gien, ville industrielle.

76. LOIR-ET-CHER aura BLOIS †, qui vit naître Papin (1) ;
   Vendôme au beau lycée, avec *Romorantin.*

77. Dans INDRE-ET-LOIRE on a TOURS †, aux clochers fameux,
   Loches, Chinon, séjour d'un prince malheureux (2).

78. Au CHER : BOURGES †, qui fut capitale un moment (3) ;
   Sancerre, sur son roc, la belle *Saint-Amand.*

79. Dans l'INDRE : CHATEAUROUX fabrique un drap commun ;
   Et gouverne le *Blanc,* la *Châtre* et *Issoudun.*

80. La NIÈVRE : NEVERS †, *Cosne* (4), où s'équipe un marin ;
   Château-Chinon, de bois *Clamecy* magasin.

81. Dans l'ALLIER : MOULINS †, construit par un Bourbon (5) ;
   La *Palisse,* aux vieux murs (6), *Gannat* et *Montluçon.*

82. Dans la CREUSE stérile, où l'on voit maint maçon (7) ;
   GUÉRET avec *Boussac, Bourganeuf, Aubusson.*

83. Le PUY-DE-DOME aura l'importante CLERMONT †,
   Issoire, Riom, Thiers, Ambert, au pied d'un mont.

84. Dans le CANTAL on voit, sous les lois d'AURILLAC,
   Murat dans un vallon, *Saint-Flour* † et *Mauriac.*

85. LIMOGES † et *Bellac* sont dans la HAUTE-VIENNE ;
   Rochechouart, Saint-Yrieix, qui fait la porcelaine.

86. Dans la CORRÈZE : TULLE †, où se vend peu de grain ;
   Brives, avec *Ussel,* près d'un vieux camp romain.

87. En CORSE : AJACCIO †, qui possède un bon port :
   Sartène avec *Calvi, Corté, Bastia,* lieu fort.

---

(1) *Papin,* physicien célèbre du XVIIe siècle, le premier qui ait découvert l'emploi de la vapeur.

(2) Charles VII se retira dans *Chinon* quand Paris fut occupé par les Anglais.

(3) Maîtres d'une grande partie de la France, les Anglais appelaient par dérision Charles VII le *roi de Bourges.*

(4) On fabrique à *Cosne* des ancres et des câbles.

(5) *Moulins* n'était, dans l'origine, qu'un château des sires de Bourbon.

(6) On voit à la *Palisse* un vieux château, monument historique.

(7) Le seul arrondissement d'Aubusson fournit aux grandes villes, pendant la belle saison, près de 15 000 maçons.

II. BELGIQUE

110. LIMITES. Au N., la Hollande ; à l'E., la Prusse rhénane ; au S.-E., le duché de Luxembourg (Hollande); au S., la France ; à l'O., la mer du Nord.

111. SOL, CLIMAT ET PRODUCTIONS. La Belgique est un pays de plaines, d'une grande fertilité. Le climat est généralement humide et brumeux, excepté dans les régions montagneuses du centre et du S.-E. Les Belges ont porté l'agriculture à une haute perfection, et ils recueillent d'abondantes moissons. Ils possèdent encore de riches mines de houille, et d'excellents minerais de fer.

112. POPULATION. 5 337 000 hab.

113. RELIGION ET GOUVERNEMENT. La religion est le catholicisme, et le gouvernement, une monarchie constitutionnelle.

114. VILLES PRINCIPALES.

BRUXELLES, 183 000 hab., capitale de la Belgique, dentelles renommées.

Anvers, port très-important sur l'Escaut.

Gand, ville commerçante.

Malines, imprimerie et dentelles.

Liége, manufactures d'armes et fabriques de draps.

Louvain, célèbre université catholique.

115. ARMÉE, MARINE. L'armée est, en temps de paix, de 50 000 h.; mais, en temps de guerre, elle peut être portée à plus de 100 000 h. La marine est peu importante.

116. INDUSTRIE ET COMMERCE. Les Belges se distinguent par leur industrie et font un commerce très-actif.

III. HOLLANDE

OU PAYS-BAS

117. LIMITES. La Hollande est bornée, à l'E., par l'Allemagne ; au S., par la Belgique ; à l'O. et au N., par la mer du Nord.

118. SOL, CLIMAT ET PRODUCTIONS. La Hollande est un pays plat, parsemé de lacs, sillonné de cours d'eau, et si bas, qu'on a été obligé de faire des digues immenses pour arrêter les inondations de la mer. On y voit de riches et nombreux pâturages. Le climat est assez doux, mais humide et malsain. Les productions les plus célèbres sont les légumes et les fleurs.

119. POPULATION, RELIGION ET GOUVERNEMENT. Il y a dans les Pays-Bas 3 810 000 habitants. Les deux tiers à peine sont protestants, et le reste catholique. On compte pourtant 70 000 juifs.

Le gouvernement est une monarchie constitutionnelle.

120. VILLES PRINCIPALES.

LA HAYE, capitale, 100 000 hab.

Amsterdam, 290 000 hab., l'une des plus brillantes cités de l'Europe ; commerce immense, taille de diamants.

Utrecht, grandes fabriques de velours.

Rotterdam, ville industrielle et commerçante.

121. ARMÉE, MARINE. L'armée de terre est d'environ 60 000 h.; la marine militaire comptait, en 1876, une centaine de navires, armés de 500 canons.

122. INDUSTRIE, COMMERCE. L'industrie manufacturière est peu développée en Hollande; mais le commerce maritime a une grande importance.

123. COLONIES.

En Amérique :

Quelques *Antilles*, et la *Guyane hollandaise*.

Dans l'Océanie :

Sumatra, *Java*, les *Moluques*, *etc.*

IV. ALLEMAGNE

124. LIMITES. L'empire d'Allemagne est borné, au N., par la mer du Nord, le Danemark et la Baltique; à l'E., par la Russie et l'Autriche; au S., par l'Autriche et la Suisse; à l'O., par la France, la Belgique et la Hollande.

125. SOL, CLIMAT ET PRODUCTIONS. L'Allemagne septentrionale, située dans la grande plaine du N. de l'Europe, est en général sablonneuse et parsemée d'une infinité de lacs et de tourbières. L'Allemagne du centre et celle du S.-O. sont des pays très-accidentés.

Au N. règnent souvent des froids rigoureux, des brouillards et des ouragans; le centre jouit d'une température assez douce; dans les vallées méridionales, le climat est très-sain et très-agréable.

L'Allemagne produit une énorme quantité de bêtes à cornes, de bêtes à laine, et surtout de porcs; on y trouve de magnifiques forêts, du blé, du seigle, de l'orge, de l'avoine, du chanvre en quantité, et de riches mines d'argent, de cuivre et de plomb. Quelques cantons des bords du Rhin fournissent des vins estimés.

126. Population. Environ 43 millions d'habitants.

127. Religion. Le Nord est en général protestant, et le Sud, catholique.

ÉTATS DE L'EMPIRE D'ALLEMAGNE (1)

Ces États sont au nombre de 27. Voici les plus importants.

Royaume de Prusse

128. Population. 25 800 000 hab.

129. Religion. L'*Église évangélique*, ou fusion des deux sectes de Luther et de Calvin, est la religion de l'État. Plus d'un tiers de la population professe le catholicisme.

130. Gouvernement. Monarchie constitutionnelle. Le roi de Prusse est de plus empereur d'Allemagne.

131. Villes principales.

Berlin, 1 million d'hab., capitale du royaume de Prusse et de l'empire d'Allemagne, l'une des plus

(1) Depuis les traités de 1815, l'Allemagne comprenait une trentaine d'États, qui formaient la *Confédération germanique*. Par suite de la guerre de 1866, l'ancienne Confédération fut dissoute, et la Prusse victorieuse s'annexa une partie des États allemands qui avaient combattu contre elle. En outre, deux Confédérations, dont l'Autriche était exclue, furent constituées, l'une au N. du Mein, à la tête de laquelle se plaça la Prusse ; l'autre située au S. de cette rivière, et qui devait bientôt être subjuguée à son tour.

En 1870 éclata la guerre entre la Prusse et la France. L'Allemagne tout entière se plaça sous la conduite de la Prusse pour se ruer sur notre malheureux pays ; et, le 18 janvier 1871, au palais de Versailles, le roi de Prusse se fit proclamer empereur d'Allemagne par les souverains des petits États allemands, qui acceptèrent dès lors la direction et la suprématie de la Prusse.

belles villes de l'Europe ; voitures et porcelaines renommées.

Kiel, naguère encore au Danemark.

Dantzig, le premier port de commerce du royaume et comme l'entrepôt de tout le Nord.

Kœnigsberg, ville commerçante.

Posen ‡, autrefois capitale de la Grande-Pologne.

Breslau †, la deuxième ville de la Prusse par sa population, ses établissements littéraires, son commerce et ses manufactures.

Francfort-sur-le-Mein, qui, avant 1866, était une ville libre et le siége de la Confédération germanique.

Trèves †, l'une des cités les plus anciennes de l'Europe occidentale.

Aix-la-Chapelle, où Charlemagne avait fixé sa résidence accoutumée.

Cologne ‡, très-importante par ses fortifications, son commerce et ses établissements scientifiques et littéraires.

Hanovre, récemment encore capitale du royaume de ce nom.

Wilhemshafen, port militaire de création nouvelle sur le golfe de l'Iahdé.

132. Armée. L'armée prussienne, qui tend de plus en plus à se confondre avec l'armée de l'empire, est de 300 000 h. en temps de paix, et d'un million en temps de guerre.

133. Marine. La marine, peu importante naguère, comprend aujourd'hui 43 navires à vapeur, une soixantaine de bâtiments à voiles, et, de plus, 18 navires à vapeur en construction. Le tout portera 760 canons.

134. INDUSTRIE ET COMMERCE. L'industrie manufacturière de la Prusse est très-florissante, surtout pour la fabrication des tissus, des porcelaines, des ouvrages de fer et d'acier. Il y a également beaucoup d'activité dans le commerce.

135. Royaume de SAXE, 2 760 000 hab. — Capitale *Dresde*, 197 000 hab., dans une situation délicieuse, sur les bords de l'Elbe. — Ville principale *Leipzick*, 127 000 habitants ; université, commerce énorme de librairie.

136. Royaume de WURTEMBERG, 1 882 000 hab. — Capitale *Stuttgard*, 107 000 hab. — Ville principale *Tubingue*, université où l'on se rend de toute l'Allemagne.

137. Royaume de BAVIÈRE, 5 022 000 hab. — Capitale *Munich* ‡, 193 000 hab., célèbre par ses établissements littéraires et ses collections scientifiques. — Ville principale *Augsbourg* †, le premier arsenal du royaume, fameuse par la profession de foi que les protestants y lurent devant Charles-Quint, et qui fut appelée *confession d'Augsbourg*.

138. Grand-duché de HESSE-DARMSTADT, 882 000 h. — Capitale *Darmstadt*, 44 000 hab. — Ville principale *Mayence* †, 58 000 hab., patrie de Gutenberg, inventeur de l'imprimerie ; jambons estimés.

139. Grand-duché de BADE, 1 507 000 hab. — Capitale *Carlsruhe*, 43 000 hab. — Villes principales : *Bade*, eaux minérales ; *Fribourg-en-Brisgau* ‡, université.

140. LUBECK, près de la mer Baltique, ville libre. Pop. 57 000 hab., dont 45 000 pour la ville (1).

(1) Lubeck était à la tête de la ligue *hanséatique*. Cette célèbre confédération, qui comprit jusqu'à 64 villes, avait pour but de

141. Hambourg, ville libre, la première place de commerce de l'Allemagne. Pop. 389 000 hab., dont 265 000 pour la ville.

142. Brême, ville libre, commerce considérable. Pop. 142 000 hab., dont 102 000 dans la ville ou les faubourg.

142 *bis.* Alsace-Lorraine, *Strasbourg* et *Metz*, villes considérables, qui ont été arrachées à la France après la désastreuse campagne de 1870.

143. Armée, industrie et commerce. L'armée des divers États allemands est commandée par des chefs prussiens et entièrement placée sous la direction de la Prusse, ce qui permet à l'empereur de mettre, en cas de guerre, 1 500 000 h. sur pied.

L'industrie manufacturière de l'Allemagne n'est plus à la hauteur où l'avaient portée les villes hanséatiques ; mais, dans l'art d'exploiter les mines et les forêts, aucun peuple ne surpasse les Allemands.

Le commerce se fait surtout dans les foires. Longtemps entravé, il a pris dans ces dernières années une extension considérable.

———

V. AUTRICHE-HONGRIE

144. Limites. Les bornes de l'empire austro-hongrois sont, au N., la Saxe, la Prusse et la Russie ; à l'E., la Russie et la Roumanie ; au S., les principautés danubiennes, la Turquie, l'Adriatique et l'Italie ; à l'O., l'Italie, la Suisse et l'Allemagne.

protéger le commerce dans la Baltique contre les agressions des pirates.

145. Sol, climat et productions. L'Autriche est coupée par de hautes chaînes de montagnes, qui la sillonnent en divers sens. On ne trouve de plaines considérables que dans le centre et dans le S.-O. A part les régions montagneuses, tous les pays qui composent le reste de l'empire jouissent d'une température très-douce. Le sol, productif de sa nature, demanderait à être mieux cultivé, et pourrait nourrir beaucoup plus de bestiaux. On trouve en Autriche quantité de minéraux utiles ou précieux, du fer, du cuivre, de l'argent, de l'or, du plomb et de l'étain.

146. Population. Environ 38 millions d'habitants.

147. Religion. Les deux tiers de la population sont catholiques ; le reste se partage entre le protestantisme et le schisme grec.

148. Gouvernement. Monarchie constitutionnelle, avec deux gouvernements sous un seul empereur : l'un pour les provinces situées en deçà de la rivière Leitha, et l'autre pour les provinces situées au delà (1).

149. Villes principales.

Vienne ✝, 674 000 hab., sur la rive droite du Danube, capitale de l'empire.

Prague ✝, 190 000 hab., capitale de la Bohême.

Lemberg ✝, capitale de la Gallicie.

Olmütz ✝, dans la Moravie, ville très-importante par ses fortifications.

Brünn ✝, la première ville de l'empire pour l'industrie des lainages.

___

(1) L'Autriche-Hongrie est divisée en 17 provinces. Voici les plus importantes : l'*Autriche*, la *Bohême*, la *Moravie*, la *Gallicie*, la *Hongrie*, la *Transylvanie*, l'*Esclavonie*, la *Croatie*, la *Styrie*, la *Dalmatie*, l'*Illyrie* et le *Tyrol*.

Trente ✝, ville où s'est tenu, vers le milieu du XVIe siècle, un célèbre concile œcuménique.

Trieste ✝, sur l'Adriatique, le premier port commerçant de l'empire autrichien.

Presbourg ✝, ancienne capitale de la Hongrie. Les empereurs d'Autriche s'y font sacrer comme rois de ce pays.

Buda-Pesth, 270 000 hab., capitale du royaume de Hongrie ; cité formée de deux villes. L'une, *Bude* ou *Ofen*, est située sur la rive droite du Danube et renferme le palais de l'empereur-roi ; l'autre, nommée *Pesth*, est assise sur la rive gauche du fleuve, et passe à juste titre pour la plus belle, la plus grande et la plus commerçante des villes hongroises.

150. ARMÉE, MARINE. Les cadres ordinaires de l'armée comprennent 280 000 h. ; mais, en cas de guerre, l'Autriche peut mettre plus d'un million d'hommes sous les armes.

La marine se compose de 68 navires, la plupart à vapeur, portant ensemble environ 400 canons.

151. INDUSTRIE ET COMMERCE. L'industrie est en général peu florissante dans l'empire, excepté dans la Bohême et dans la Moravie.

Le commerce souffre encore de la difficulté des communications.

VI. SUISSE

152. LIMITES. Ce sont, au N., l'Allemagne ; à l'E., l'Autriche ; au S., l'Italie ; à l'O., la France.

153. SOL, CLIMAT ET PRODUCTIONS. La Suisse est un

pays éminemment pittoresque ; elle est sillonnée dans sa partie méridionale par les Alpes et leurs ramifications. La température, ordinairement humide et variable, devient rigoureuse en hiver. Il y a de magnifiques forêts ; mais la plus grande richesse de la Suisse consiste dans ses pâturages.

154. Population. 2 670 000 hab.

155. Religion. 1 084 000 catholiques, 1 566 000 protestants ; le reste appartient à différents cultes.

156. Gouvernement. La *Confédération helvétique* est formée de petites républiques appelées cantons. Chacun d'eux se gouverne à sa manière. Un parlement qui siége à Berne, et dont 9 membres exercent le pouvoir exécutif, constitue le gouvernement fédéral.

157. Villes principales.

Berne, capitale fédérale de la Suisse, 36 000 hab.

Bâle +, sur le Rhin, une des villes les plus grandes et les plus commerçantes de la Suisse.

Genève, sur le lac Léman ; grande fabrication d'horloges et de montres.

158. Armée. L'armée fédérale est de plus de 100 000 h. ; en cas de guerre, elle peut être portée à 200 000 h.

159. Industrie et commerce. L'industrie est très-avancée, et peut même rivaliser avec l'industrie française pour les tissus de coton et de soie. La Suisse exporte des étoffes, de l'horlogerie et une énorme quantité de fromages.

RÉGION MÉRIDIONALE

I. PÉNINSULE ESPAGNOLE

160. LIMITES. Les bornes de la péninsule espagnole sont, au N., le golfe de Gascogne et les Pyrénées ; à l'E., la Méditerranée ; au S., la Méditerranée, le détroit de Gibraltar et l'océan Atlantique ; à l'O., l'océan Atlantique.

161. SOL, CLIMAT ET PRODUCTIONS. La péninsule espagnole renferme des contrées incultes et presque désertes ; mais certaines parties, le S. surtout, sont d'une admirable fécondité. Le climat est frais et tempéré au N. ; mais dans les régions méridionales, la chaleur devient excessive. La péninsule espagnole est célèbre par les moutons à fine toison, appelés *mérinos,* qui sont une de ses principales richesses. On y voit croître la vigne, le grenadier, la canne à sucre, l'olivier, et on y trouve d'abondantes mines de fer et de plomb, ainsi que des marbres précieux.

La péninsule espagnole se divise en deux parties principales : l'Espagne et le Portugal.

I. ESPAGNE

162. POPULATION. 17 millions d'habitants.

163. RELIGION, GOUVERNEMENT. La religion est le catholicisme, et le gouvernement, une monarchie constitutionnelle, avec deux chambres habituellement désignées sous le nom de *cortès*.

164. VILLES PRINCIPALES.

MADRID, 332 000 hab., capitale de l'Espagne, dans une plaine sablonneuse et stérile.(1).

Santiago ou *Saint-Jacques-de-Compostelle* ✝, pèlerinage fameux dans toute la chrétienté. L'église possède le corps de saint Jacques le Majeur.

Saragosse ✝, célèbre par la résistance héroïque qu'elle opposa aux Français, en 1808.

Barcelone ✝, ville industrielle, la plus commerçante de toutes les villes d'Espagne.

Grenade ✝, dans une plaine fertile, et renommée par la beauté du climat.

Malaga ✝, port commerçant ; vins renommés.

Cordoue ✝, dont la cathédrale, ancienne mosquée, est un des édifices les plus vastes et les plus magnifiques de l'Europe.

Séville ✝, cité industrielle et commerçante ; cathédrale et palais superbes (2).

Cadix ✝, ville forte et port de commerce.

[*Gibraltar*, place imprenable, sur un rocher, à l'en-

(1) A peu de distance de Madrid se trouve *l'Escurial*, célèbre convent, dont la porte principale s'ouvre deux fois pour les rois d'Espagne et pour les princes de leur maison : une première fois après leur naissance, et une dernière, quand on les porte à l'Escurial pour les y enterrer.

L'Espagne se compose d'un certain nombre de provinces, dont plusieurs ont joué un rôle assez important au moyen âge. Voici ces dernières : la *Galice*, les *Asturies*, l'*Aragon*, la *Catalogne*, la *Castille* et l'*Andalousie*, qui renferme le pays occupé autrefois par les royaumes maures de Grenade, de Cordoue et de Séville.

(2) Les Espagnols, pour montrer la beauté de Séville, ont coutume de dire : *Qui n'a pas vu Séville, n'a rien vu de merveilleux.*

trée de la Méditerranée. Cette ville appartient maintenant aux Anglais.]

Tolède ‡, autrefois capitale de l'Espagne.

Ségovie †, commerce de laines, manufactures de draps.

165. ARMÉE, MARINE. L'armée, sur le pied de paix, comprend 100 000 h. de toutes armes, et, sur le pied de guerre, 300 000.

La marine renferme environ 150 navires, armés de 900 canons.

166. INDUSTRIE ET COMMERCE. L'industrie de l'Espagne est sans cesse ralentie et paralysée par les changements de gouvernement.

167. ILES. A l'Espagne se rattachent les îles *Baléares* (dans la Méditerranée), dont les principales sont *Majorque* et *Minorque*.

168. COLONIES. Ce sont, en Afrique : les *Canaries* et quelques forteresses dans le Maroc.

En Amérique : *Cuba* et *Porto-Rico*.

Dans l'Océanie : les *Philippines* et les *Mariannes*.

II. PORTUGAL

169. POPULATION. 4 678 000 hab.

170. RELIGION, GOUVERNEMENT. La religion est le catholicisme, et le gouvernement, une monarchie constitutionnelle.

171. VILLES PRINCIPALES.

LISBONNE ‡, 224 000 hab., cap. du royaume (1).

____

(1) Cette ville fut presque complétement détruite en 1755 par un tremblement de terre, qui écrasa 30 000 personnes sous les décombres.

Porto +, ville importante par son industrie et son commerce ; vins très-renommés.

Coïmbre +, célèbre université.

Sétuval, bon port, grand commerce de sel et de vins.

172. Armée, marine. L'armée, sur le pied de paix, est de 40 000 hommes, et, sur le pied de guerre, de 72 000.

La marine compte une quarantaine de bâtiments avec 170 canons.

173. Industrie et commerce. Les manufactures sont peu nombreuses en Portugal (1) ; quant au commerce, il est presque tout entier entre les mains des Anglais, qui transportent chez eux d'énormes quantités de sel, d'huile et de vins de Porto.

174. Colonies. En Afrique : les *Açores*, les îles *Madère*, les îles du *Cap-Vert*; plusieurs établissements dans le *Congo* ; le *Mozambique*.

En Asie : deux ou trois établissements.

Dans l'Océanie : *une partie* de l'île de *Timor*.

II. PÉNINSULE ITALIENNE

175. Limites. Ce sont, au N., les Alpes et l'Autriche ; à l'E., la mer Adriatique ; au S., la Méditerranée ; à l'O., la Méditerranée et les Alpes.

(1) L'agriculture n'est pas moins négligée que l'industrie : malgré la fertilité des terres, la plus grande partie du royaume reste sans culture.

176. Iles. On a coutume de rattacher à l'Italie :

Les îles d'*Elbe*, de *Corse*, de *Sardaigne* (1), *Lipari*, de *Sicile* (2) et de *Malte* (3).

177. Sol, climat et productions. L'Italie est une région d'un aspect charmant. Au N., on trouve les Alpes avec leurs neiges éternelles, et, au pied de ces montagnes, la vaste et magnifique plaine du Pô. Au centre et au S., s'élève l'Apennin, qui se couvre, pendant la belle saison, d'une riche végétation ; et l'on aperçoit, de chaque côté, des plaines fertiles et des collines pittoresques. Le climat est très-varié, mais quelquefois malsain dans les parties méridionales. L'Italie donne les productions de l'Europe et de l'Afrique. Grâce à l'admirable fécondité du sol, presque toutes les cultures y réussissent.

178. Division politique. Depuis 1870, la péninsule italienne ne comprend plus que le seul royaume d'Italie (4).

(1) En Sardaigne, le climat est généralement salubre. Cette île donne toutes les productions des pays méridionaux. Elle renferme aussi des mines d'argent, de plomb et de fer.

(2) En Sicile, la chaleur est extrême. La terre, presque abandonnée à sa propre fertilité, produit du blé, des olives, des cannes à sucre et du coton. On y trouve du fer, du cuivre et du soufre.

(3) Malte, qui n'est qu'un rocher calcaire, couvert d'une légère couche de terre végétale, produit néanmoins, au moyen d'une culture très-soignée, toutes sortes de fruits excellents. La capitale de cette île est *La Valette,* place réputée imprenable.

(4) Le roi de Sardaigne, après avoir usurpé le duché de Parme, le duché de Modène, le grand-duché de Toscane, les deux tiers des États de l'Église et le royaume des Deux-Siciles ; après avoir reçu de Napoléon III la Lombardie et la Vénétie, a profité des désastres de la France, en 1870, pour ordonner à ses soldats d'envahir les derniers restes de l'État pontifical. Les châtiments providentiels dont nous venons d'être témoins et victimes ne permettent à personne d'oublier qu'*on ne se moque point de Dieu,* et que *le péché rend les peuples misérables.*

ROYAUME D'ITALIE

179. Limites. Dans la situation présente, le royaume d'Italie embrasse, outre la Péninsule, les îles de Sardaigne et de Sicile.

180. Population. 27 482 000 habitants.

181. Religion. Le catholicisme.

182. Gouvernement. Monarchie constitutionnelle.

183. Villes principales.

Rome, 220 000 hab., siége du Pape et capitale du monde catholique ; la première ville de l'univers par la grandeur de ses souvenirs et la magnificence de ses édifices ; aujourd'hui prétendue capitale du royaume d'Italie.

Turin ✝, naguère capitale du royaume du Piémont ; ville remarquable pour la régularité de ses rues et la beauté de ses églises.

Milan ✝, sur un affluent du Pô ; l'une des plus grandes et des plus belles villes de la Péninsule (1).

Vérone ✝ et *Mantoue* ✝, villes fortes (2).

Venise ✝, sur l'Adriatique. Cette grande cité est justement regardée comme l'une des plus belles du monde (3).

(1) La cathédrale de Milan, appelée le *Dôme,* est un temple magnifique que décorent 4 500 statues de marbre.

(2) Vérone et Mantoue, avec deux autres villes, Legnago et Peschiera, constituent un redoutable quadrilatère réputé imprenable.

(3) Venise a été, pendant plusieurs siècles, une république fameuse à la fois par son commerce et par sa puissance militaire. Elle est construite tout entière sur pilotis, au milieu d'une vaste lagune, et occupe plus de cent petites îles, reliées entre elles par trois cent soixante ponts.

Parme †, capitale de l'ancien duché de ce nom ; superbe cathédrale.

Modène †, capitale de l'ancien duché de Modène.

Gênes ‡, port commerçant et militaire ; cette ville a été surnommée la Superbe à cause de la richesse de ses édifices.

Bologne ‡, ville importante et célèbre université.

Florence ‡, 114 000 hab., capitale de l'ancien grand-duché de Toscane ; ville magnifique, et ornée d'un grand nombre d'édifices publics, tous d'une beauté remarquable (1).

Pise ‡, célèbre université.

Livourne †, l'un des plus beaux ports de la Méditerranée ; ville considérable.

Ancône †, place forte et port de commerce (2).

Gaëte †, ville forte et port de commerce.

Naples ‡, 416 000 hab., naguère encore capitale du royaume des Deux-Siciles ; dans un site enchanteur sur le bord de la mer et non loin du Vésuve.

Tarente †, sur le golfe du même nom (3).

Palerme ‡, capitale de l'île de Sicile (4).

Messine ‡, ville située sur le détroit de même nom ; place forte et très-bon port.

---

(1) A la hauteur de Florence et non loin de l'Adriatique, se trouve la petite république de Saint-Marin, qui existe depuis quatorze siècles.

(2) Non loin d'Ancône est *Lorette,* lieu dans lequel on vénère la *Santa Casa* ou maison de la Sainte Famille, que les anges y ont miraculeusement transportée.

(3) Dans les environs de Tarente, on trouve la grosse araignée appelée *Tarentule,* sur laquelle on a débité tant de contes.

(4) Ce fut à Palerme que commença, en 1282, l'horrible massacre des Français appelé *Vêpres siciliennes.*

Cagliari ✝, capitale de l'île de Sardaigne.

Porto-Ferrajo, capitale de l'île d'Elbe.

184. ARMÉE, MARINE. L'armée, sur le pied de paix, se compose de 220 000 h., et, sur le pied de guerre, de 850 000 h. de toutes armes.

La marine comprend 65 navires, armés de 350 canons.

185. INDUSTRIE ET COMMERCE. Le défaut de fer et de houille nuit singulièrement à l'industrie, et le mauvais état des chemins paralysera longtemps encore le commerce.

III. PÉNINSULE ORIENTALE

186. LIMITES. La péninsule orientale a pour bornes, au N., l'Autriche et la Russie; à l'E., la mer Noire et le Bosphore; au S., la mer de Marmara, le détroit des Dardanelles, l'Archipel et la Méditerranée; à l'O., la Méditerranée, l'Adriatique et l'Autriche.

187. ILES. On rattache à la péninsule orientale une grande partie de îles de l'Archipel, *Négrepont*, et les îles *Ioniennes*.

188. SOL, CLIMAT ET PRODUCTIONS. Le sol est plat et marécageux au N., montagneux au centre, et enfin, dans la Grèce, il est à la fois sauvage et parsemé de délicieuses vallées. Le climat est assez varié, à cause des inégalités du terrain; mais il est malsain dans les vallées du Danube. Les productions sont : le maïs, le froment, le raisin, les olives, le coton, les oranges et la soie, principalement en Grèce.

La péninsule orientale comprend deux États : la Turquie d'Europe et la Grèce.

I. TURQUIE D'EUROPE (1)

189. POPULATION. Environ 15 millions d'habitants, dont 6 millions et demi pour les provinces vassales (2).

190. RELIGION. Schismatiques grecs ou Arméniens, 10 000 000; musulmans, 4 500 000; catholiques 640 000; juifs, 70 000. Le reste appartient à différentes sectes.

191. GOUVERNEMENT. Monarchie absolue. Le souverain a le titre de *Sultan*, de *Grand Seigneur*, de *Grand Turc*. Au-dessous de lui se trouve le *grand vizir*, chargé de l'administration de l'État.

192. VILLES PRINCIPALES.

CONSTANTINOPLE, 855 000 hab., capitale de tout l'empire Ottoman, à l'entrée du Bosphore (3).

Bosna-Séraï, ville commerçante.

Salonique, port très-important.

Andrinople, dans une situation délicieuse; commerce de vins, de soie et de parfumerie.

Iassi, capitale de la Moldavie.

(1) La Turquie d'Europe et la Turquie d'Asie, réunies ensemble, forment ce qu'on appelle l'empire *Ottoman,* l'empire du *Croissant,* dont la population approche de 50 millions.

Nous rappelons que tous les chiffres qui concernent la population de la Turquie sont approximatifs, faute de recensements officiels.

(2) Ces provinces sont : la *Moldavie,* la *Valachie* ou *Valaquie* et la *Servie.* Dans l'usage ordinaire, on désigne la Moldavie, la Valachie et la Servie sous le nom de *Principautés danubiennes.* Les deux premières sont gouvernées par un seul prince.

(3) Les *Francs* (Européens) ne peuvent habiter la ville : ils résident, ainsi que les ambassadeurs étrangers, dans le faubourg de Péra. Celui de Galata, plus près du port, est habité par les commerçants.

Bucharest ou *Boukarest*, capitale de la Valachie et de la Moldavie, réunies sous le nom de *Roumanie*.

Belgrade, capitale de la Servie, sur le Danube.

(Dans l'Ouest de la Turquie d'Europe est enclavée la petite principauté indépendante du Monténégro, dont la population atteint 190 000 âmes, et qui a pour capitale *Cettigné*.)

193. ARMÉE, MARINE. Le chiffre ordinaire de l'armée est de 180 000 h.; mais, en temps de guerre, la Turquie peut mettre 600 000 h. sous les armes.

La marine se compose de 115 vapeurs, armés de 1 600 bouches à feu.

194. INDUSTRIE ET COMMERCE. L'industrie est fort arriérée chez les Turcs; il y a néanmoins quelques produits qui ont assez de succès; telles sont les mousselines peintes et les armes à feu. Le commerce, peu actif, est d'ailleurs presque tout entier entre les mains des étrangers.

II. GRÈCE

195. POPULATION, RELIGION. 1 458 000 hab., dont la très-grande partie sont schismatiques.

196. GOUVERNEMENT. Monarchie constitutionnelle.

197. VILLES PRINCIPALES.

ATHÈNES †, 45 000 hab., capitale de la Grèce, ville fameuse dans l'antiquité.

Lépante, célèbre par la victoire qu'y remporta don Juan d'Autriche sur les Turcs en 1571.

Nauplie ou *Napoli de Romanie,* ville commerçante (1).

(1) La plupart des cités de la Grèce antique sont aujourd'hui ensevelies sous les ruines, et le voyageur en est quelquefois réduit à se demander quel était leur emplacement.

198. Armée, marine. L'armée est de 10 000 h., et peut être portée à 30 000.

La marine comprend 21 bâtiments, munis d'une centaine de canons.

199. Industrie et commerce. L'industrie manufacturière, l'agriculture et le commerce intérieur sont également négligés par les Grecs; mais la marine marchande fait un commerce actif.

ASIE

---

200. Limites. Au N., l'océan Glacial Arctique; à l'E., le grand Océan; au S., la mer des Indes; à l'O., la mer Rouge, la Méditerranée, l'Archipel, la mer Noire, le Caucase, la mer Caspienne, le fleuve Oural et les monts Ourals.

201. Iles. Les principales sont :

Dans le grand Océan :

L'île Saghalien,	L'île Formose,
L'Archipel du Japon,	L'île Haï-Nan.

Dans la mer des Indes :

L'île Ceylan.

Dans la Méditerranée :

L'île de Chypre.

202. Presqu'iles. On en remarque 7 : 4 grandes et 3 petites.

Les 4 grandes sont :

L'Asie Mineure,	L'Hindoustan,
L'Arabie,	L'Indo-Chine.

Les 3 petites sont :

La presqu'île de Malacca,	Le Kamtschatka.
La Corée,	

203. Caps. Les principaux sont :

Le cap Comorin, au S. de l'Hindoustan.
Le cap Romania, au S. de la presqu'île de Malacca.
Le cap Sévéro, au N. de la Sibérie.

204. MONTAGNES. On remarque surtout :

Les monts Altaï, dans le N.-O. de la Chine, et depuis le lac Baïkal jusqu'aux monts Ourals.

Les monts Himalaya, entre l'empire chinois et l'Hindoustan.

Le Taurus, dans l'Asie Mineure.

Le Liban, dans la Syrie.

205. FLEUVES. Se jettent

Dans l'océan Glacial :

L'Obi,
L'Iénisséï,
La Léna.

Dans le grand Océan :

Le fleuve Amour ou Saghalien,
Le fleuve Jaune.
Le fleuve Bleu,
Le Cambodje.

Dans la mer des Indes :

Le Brahmapoutre,
Le Gange,
L'Indus,
Le Chat-el-Arab, formé par la réunion de l'Euphrate et du Tigre.

206. LACS. Les principaux sont :

Le lac Asphaltite ou mer Morte,
La mer Caspienne,
La mer d'Aral.

207. MERS. Le grand Océan forme :

La mer de Behring,
La mer d'Okhotsk,
La mer du Japon,
La mer Jaune,
La mer de Chine.

Le mer des Indes forme :

La mer Rouge.

208. GOLFES. On distingue dans la mer des Indes :

Le golfe du Bengale,
Le golfe d'Oman,
Le golfe Persique.

209. DÉTROITS. Les plus remarquables sont :

Le détroit de Behring,
Le détroit de Malacca,
Le détroit de Bab-el-Mandeb.

210. Population, races et religions. On évalue à 735 000 000 d'habitants la population totale de l'Asie.

En supposant une ligne tirée des bouches du Gange à l'extrémité Nord des monts Ourals, il se trouve que la partie occidentale appartient à la race blanche ou caucasienne, et que la partie orientale est habitée par la race jaune ou mongolique.

Les différentes religions de l'Asie sont : le christianisme, répandu partout, mais principalement dans le N. et dans l'O. ; l'islamisme, qui domine au S.-O. ; le brahmanisme, au S. ; le lamanisme, au centre ; le bouddhisme et la religion de Confucius, à l'E. ; et la religion du Sinto, au Japon.

211. Division politique. L'Asie peut être divisée politiquement en 9 régions, ainsi réparties par versants :

Une au Nord :

La Sibérie.

Deux au centre et à l'Est :

L'empire Chinois,   Le Japon.

Quatre au Sud :

L'Indo–Chine,   L'Iran (1),
L'Hindoustan,   L'Arabie.

Deux à l'Ouest :

Le Turkestan,   La Turquie d'Asie.

(1) Pour ne pas surcharger la mémoire des élèves, nous avons compris sous trois noms seulement les nombreux États que l'Iran et les Indes renferment, nous réservant de les énumérer plus tard.

RÉGION SEPTENTRIONALE

I. SIBÉRIE

212. Notions physiques. La région du N. est occupée tout entière par la Sibérie, dont voici les bornes : au N., l'océan Glacial; à l'E., le grand Océan; au S., l'empire chinois et le Turkestan; à l'O., la Russie d'Europe.

Les solitudes de la Sibérie, aussi vastes que le continent européen, sont couvertes, au N., de marais glacés, et au S., de steppes et de forêts épaisses.

On trouve dans les montagnes d'abondantes mines d'or, d'argent, de fer, de cuivre, d'aimant et de pierres précieuses. L'intérieur du pays fournit une quantité considérable de fourrures (1).

213. Notions politiques. 3 405 000 hab. Ce vaste pays appartient tout entier à la Russie : c'est là que le gouvernement russe exile, chaque année, 3 à 4 000 criminels d'État.

Tobolsk, 30 000 hab., capitale, résidence du gouverneur général russe, et principal entrepôt des pelleteries de la couronne.

Kiakhta, sur les frontières chinoises. C'est le point le plus important pour le commerce des deux empires.

---

(1) A cause du froid excessif et de la rareté de la vapeur d'eau, la neige est presque inconnue en Sibérie.

RÉGIONS CENTRALE ET ORIENTALE

I. EMPIRE CHINOIS

214. Limites. La Chine est bornée, au N., par la
Sibérie ; à l'E., par le grand Océan ; au S., par l'Indo-
Chine et l'Hindoustan ; à l'O., par le Turkestan.

215. Sol, climat et productions. L'empire chinois
est environné et sillonné de hautes montagnes dont
un grand nombre sont couvertes de neiges perpé-
tuelles. Le N.-O. de l'empire n'est guère qu'un vaste
désert ; le N.-E. ou Mandchourie est plus fertile ; la
Chine proprement dite est extrêmement féconde et fort
bien cultivée ; le Thibet, région couverte de montagnes, renferme de belles vallées et de riches
prairies.

L'empire chinois, par son immense étendue, réunit
toutes les températures du globe et en possède presque
toutes les productions. Il fournit surtout le riz, principale nourriture des habitants ; le thé, qui forme leur
boisson, et dont ils font une exportation considérable.
Enfin, on y trouve de riches mines d'or, d'argent, de
fer, de cuivre, d'étain et de plomb.

216. Population. Environ 430 millions d'hab.

217. Religion, gouvernement. Trois cultes différents se partagent la Chine : la religion de Confucius,
professée par l'empereur et les lettrés ; une espèce de
polythéisme grossier ; enfin le culte de Bouddha, ou
de Fô. On peut y ajouter une foule de superstitions

absurdes, auxquelles se livrent toutes les classes de la société.

Le gouvernement est monarchique absolu. Les provinces et les villes sont administrées par des *mandarins*.

218. VILLES PRINCIPALES.

PÉKIN, 2 millions d'hab., capitale, résidence de l'empereur.

Tientsin, grande ville de commerce ouverte aux Européens.

Nankin, la ville savante de l'empire.

Shanghaï, principal entrepôt du commerce de l'Europe avec la Chine.

Canton, port de commerce.

Lassa, capitale du Thibet.

219. INDUSTRIE ET COMMERCE. Quoique naturellement industrieux, les Chinois sont restés stationnaires depuis un temps immémorial. Toutefois leur porcelaine est la plus belle du monde ; l'ivoire, la nacre, l'écaille, sont sculptés en Chine avec une délicatesse admirable. Quant au commerce, il est entravé, et l'on ne peut lier avec la Chine que de difficiles relations.

220. ARMÉE, MARINE. L'armée chinoise est nombreuse, mais peu redoutable ; la marine est insignifiante.

221. POSSESSIONS MARITIMES. A la Chine appartiennent l'archipel de Liéou-Kiéou, l'île Formose et l'île Haï-Nan.

II. JAPON

222. NOTIONS PHYSIQUES. L'empire du Japon est situé à l'E. de la Chine ; il se compose d'un certain nombre d'îles, dont la plus importante est celle de *Niphon*. Les côtes, qui sont couvertes de rochers, sont désolées par les tempêtes. A part plusieurs chaînes de montagnes, la terre du Japon est fertile et bien cultivée.

223. NOTIONS POLITIQUES. Le Japon contient environ 33 millions d'hab.; il est gouverné par le Mikado, souverain à la fois religieux et politique. Les Japonais sont industrieux, amis des arts et généralement instruits; mais ils sont païens, aussi bien que les Chinois.

La capitale est TAUKEI (*Yédo*), 675 000 hab.; résidence actuelle de l'empereur.

Miako (Kioto), 375 000 hab., l'une des villes saintes du Japon, et naguère encore résidence du Mikado.

Osaka, principale ville de commerce du Japon.

Pendant longtemps le Japon a été fermé aux étrangers ; mais divers traités ont, depuis peu, ouvert un certain nombre de ports au commerce des Européens et des États-Unis. Les étrangers peuvent même s'établir dans plusieurs d'entre eux.

RÉGION MÉRIDIONALE

I. INDO-CHINE

OU INDE AU DELA DU GANGE

224. Notions physiques. L'Indo-Chine est arrosée
par de grands fleuves, sujets à des crues périodiques.
On n'y connaît que deux saisons, l'une sèche et l'autre
pluvieuse. Cette dernière ne dure que trois mois.
Pendant l'autre, la végétation est tellement abon-
dante, qu'on peut récolter deux à trois fois. Les
principales productions sont : le riz, le coton, le
sucre, le café, etc. ; les montagnes renferment de
riches mines de métaux, et les forêts, des bois précieux.

225. Notions politiques. L'Inde Transgangétique
comprend :

L'*Annam*, 13 millions d'hab., formé de la *Cochinchine*, du *Tonking* et du *Cambodge*; v. pr. Hué
100 000 h., cap. de tout le royaume. *Kécho*, cap. du
Tonking, et *Oudong*, cap. du Cambodge.

Le royaume de *Siam*, 6 millions d'hab.; capitale
Bangkok, 400 000 hab., construite en partie sur des
radeaux; v. pr. *Siam*, qui était capitale autrefois.

L'empire *Birman*, 6 millions d'hab., qui a pour
capitale Mandalé, et pour villes principales *Ava* et
Amarapoura.

Le *Malacca indépendant*, qui renferme 5 petit

États, et dont la population est de 1 million d'habitants.

II. HINDOUSTAN

OU INDE EN DEÇA DU GANGE

226. NOTIONS PHYSIQUES. Cette vaste contrée est en général très-riche et très-fertile, principalement dans la vallée du Gange et dans la partie méridionale. On y trouve les plantes de presque tous les climats; la terre y pousse les denrées les plus utiles au commerce et à la nourriture de l'homme. Les mines y sont aussi très-abondantes. Malheureusement le climat est loin d'être salubre, surtout dans les environs du Gange.

227. NOTIONS POLITIQUES. La population totale de l'Hindoustan est de 182 millions, dont 132 millions pour les possessions purement anglaises.

Le Brahmanisme est le culte le plus répandu dans la Péninsule.

L'Hindoustan presque tout entier appartient aux Anglais, et les États même qui sont censés libres reconnaissent leur protectorat et leur paient un tribut. Le plus connu est celui de *Cachemire,* capitale *Cachemire,* célèbre par ses châles.

A l'Hindoustan se rapportent encore les deux archipels des *Laquedives* et des *Maldives*, qui se trouvent au S.

III. IRAN

228. Le vaste plateau de l'Iran comprend l'*Afghanistan*, le *Béloutchistan* et la *Perse*.

I. AFGHANISTAN OU CABOUL

229. Notions physiques. Les plaines de l'Afghanistan, généralement fertiles, produisent du coton, des cannes à sucre et deux moissons par an. On trouve dans ce pays des dromadaires et beaucoup de bêtes féroces.

230. Notions politiques. L'Afghanistan, peuplé d'environ 4 millions d'habitants, renferme un grand nombre de tribus mahométanes, les unes sédentaires, les autres nomades, qui reconnaissent aujourd'hui pour souverain le sultan de Caboul.

Les villes principales sont :

Caboul, 50 000 hab., dans une plaine charmante.

Kandahar et *Hérat*, anciennes capitales des royaumes de même nom.

II. BÉLOUTCHISTAN

231. L'aspect général du Béloutchistan est celui d'une plaine aride et sablonneuse. Cependant les vallées sont fertiles.

Le Béloutchistan est une confédération de plusieurs tribus nomades à demi barbares, qui reconnaissent, au moins de nom, l'autorité du Khan de *Kélat*. Les Béloutchis sont au nombre de 2 millions, tous mahométans, et paient tribut à l'Angleterre.

III. PERSE

232. Notions physiques. Le plateau de la Perse, qui forme la plus grande partie du royaume, est une immense plaine sablonneuse, tour à tour exposée aux rigueurs d'un froid excessif et aux ardeurs d'un soleil dévorant. Dans le reste du royaume, le climat est tres-varié. Quelques vallées sont d'une admirable fécondité : on y recueille du tabac, d'excellents vins et mille fruits délicieux. La Perse produit aussi une énorme quantité de chèvres et de très-beaux chevaux.

233. Notions politiques. La Perse comprend 7 millions d'habitants, la plupart musulmans. Elle est gouvernée despotiquement par un roi nommé *schah*. Une partie du peuple est *nomade*. L'industrie, autrefois remarquable, est aujourd'hui déchue. Ses produits les plus importants sont les tapis, les broderies d'or et d'argent, les pelleteries et les armes tranchantes.

Les villes principales sont :

Téhéran, au N., 100 000 hab., cap. de la Perse.

Tauris ou *Tébriz,* au N.-O., ville très-belle et très-commerçante.

Ispahan †, ancienne capitale du royaume.

IV. ARABIE

234. Notions physiques. Dans son ensemble, cette vaste péninsule forme un plateau élevé, dont le centre est une solitude triste et sauvage. Mais les pentes du plateau, les côtes et les vallées sont couvertes d'une riche végétation. Malheureusement elles sont exposées à des nuées de sauterelles qui viennent quelquefois s'y abattre, et les transforment en désert. Elles produisent le café, la gomme arabique, l'encens, la myrrhe, le baume, les dattes, etc. On rencontre en Arabie des chevaux d'une race excellente, des chameaux et des dromadaires.

235. NOTIONS POLITIQUES. La population, généralement musulmane, est de 12 000 000 d'hab. Les uns vivent dans les villes et les pays cultivés; les autres sont nomades, et connus sous le nom de *Bédouins*. Ces derniers pillent les caravanes, et parcourent les déserts avec leurs tentes et leurs troupeaux.

Villes principales :

La Mecque, 50 000 hab., patrie de Mahomet; lieu de pèlerinage fameux.

Moka, bon port sur la mer Rouge, principal entrepôt du café de l'Arabie.

RÉGION OCCIDENTALE

I. TURKESTAN

236. NOTIONS PHYSIQUES. Le Turkestan, composé en grande partie de steppes, renferme néanmoins des contrées fertiles. Le climat en est salubre, et les neiges qui en quelques endroits couvrent les montagnes tempèrent la chaleur de l'été.

237. NOTIONS POLITIQUES. La population, toute musulmane, peut s'élever à 8 millions d'habitants, et se compose d'une multitude de tribus, les unes sédentaires, les autres nomades. Elle obéit à plusieurs chefs qui prennent le nom de Khan ou celui de prince.

La ville principale est

Boukhara, 80 000 hab., cité commerçante.

Une partie du Turkestan est aujourd'hui aux mains des Russes.

II. TURQUIE D'ASIE

238. Limites. La Turquie d'Asie a pour bornes, au N., la mer Noire ; à l'E., la Russie du Caucase et la Perse ; au S., l'Arabie ; à l'O., la Méditerranée et l'Archipel.

239. Sol, climat et productions. Le sol, autrefois si riche dans l'*Anatolie* ou Asie Mineure, est maintenant désolé, par suite de l'insouciance des Turcs ; du côté de l'Euphrate, on rencontre des plaines fertiles ; enfin les vallées de la Syrie et de la Palestine sont extrêmement fécondes. Le climat est doux au N., accablant du côté de la Perse, brûlant dans les plaines de la Syrie.

240. Population, 13 millions d'hab. (1).

241. Religion. Le mahométisme est la religion dominante ; mais il y a beaucoup de chrétiens.

242. Gouvernement. Voyez Turquie d'Europe, page 88.

---

(1) La Turquie d'Asie, jointe aux possessions et aux protectorats en Afrique, donne une population de près de 35 millions ; et avec la Turquie d'Europe, d'environ 50 millions.

243. Villes principales.

Smyrne, sur l'Archipel, ville magnifique et très-commerçante.

Bagdad, sur le Tigre, ancienne résidence des kalifes (1).

Alep ✝, autrefois très-florissante, mais bien déchue maintenant, depuis qu'un tremblement de terre l'a couverte de ruines en 1822.

Damas ✝, rendez-vous des caravanes de la Mecque; ville célèbre par son commerce et ses soieries.

Acre ou *Saint-Jean-d'Acre*, ville forte et commerçante.

Jérusalem, 28 000 hab., où Jésus-Christ, Fils de Dieu, mourut crucifié, pour le salut des hommes. Cette ville est la résidence d'un patriarche catholique.

POSSESSIONS FRANÇAISES

244. Nos possessions d'Asie, peuplées d'environ deux millions et demi d'habitants, se composent :

1° De six provinces dans l'empire d'Annam, capitale *Saïgong*, bon port, non loin de l'embouchure du Cambodge;

2° De cinq villes situées dans l'Hindoustan, avec une portion de territoire autour de chacune d'elles. La principale est *Pondichéry*, résidence du gouverneur français.

---

(1) Ninive et Babylone, ces deux villes si célèbres dans l'antiquité sacrée et profane, ne présentent plus aujourd'hui au voyageur que des ruines et des décombres, qui couvrent une immense étendue de terrain.

POSSESSIONS ANGLAISES

245. La population totale des possessions anglaises en Asie est de 150 000 000 d'hab., dont 143 000 000 pour les Indes.

L'Hindoustan seul se divise en trois présidences, celle du *Bengale* ou de *Calcutta*, celle de *Madras* et celle de *Bombay*.

Villes principales :

Delhi, au N., ancienne capitale des rois mongols.

Bénarès, centre du brahmanisme et lieu célèbre de pèlerinage.

Calcutta, 800 000 hab., résidence du gouverneur général des possessions anglaises d'Asie et capitale de la présidence de même nom.

Madras, sur le golfe du Bengale, ville très-importante ; cap. de la présidence de Madras.

Bombay, sur la mer d'Oman, arsenal maritime, ville commerçante, avec un port excellent ; cap. de la présidence de Bombay.

Au S.-E. de l'Hindoustan, les Anglais possèdent encore l'île de Ceylan.

L'Indo-Chine anglaise comprend, dans la presqu'île de ce nom, les côtes qui bordent le golfe du Bengale, avec une partie de la presqu'île de Malacca.

POSSESSIONS RUSSES

246. Elles comprennent

1° La *Sibérie*, vaste contrée dont nous avons déjà parlé, n° 212, p. 94.

2º Le *Turkestan russe*, province récemment conquise et dont la cap. est *Turkestan*.

3º La *Russie du Caucase*, v. pr. *Tiflis*.

La population des possessions russes, en Asie, atteint ou même dépasse 10 millions d'habitants.

POSSESSIONS PORTUGAISES

247. Elles comprennent quelques petits territoires, dont la population totale est de 420 000 hab. La ville la plus importante est la *Nouvelle-Goa*, sur la côte de Malabar.

AFRIQUE

248. LIMITES. Les bornes de l'Afrique sont, au N.,
le détroit de Gibraltar et la Méditerranée ; à l'E.,
l'isthme de Suez, la mer Rouge, le détroit de Bab-el-
Mandeb, la mer des Indes ; au S. et à l'O., l'océan
Atlantique.

249. ILES. A l'Afrique se rattachent :

Les îles Açores,
Les îles Madère,
Les îles Canaries,
Les îles du Cap-Vert,
L'île de Madagascar,
Les îles Mascareignes,
Les îles Seychelles.

250. CAPS. Les principaux sont :

Le cap Bon, au N.
Le cap Guardafui, à l'E,
Le cap de Bonne-Espérance, au S.
Le cap Vert,
Le cap Blanc, } à l'O.

251. MONTAGNES. On remarque surtout :
La chaîne de l'Atlas, au N.
Les Monts Lupata, sur la côte de la mer des Indes.
Les monts de Kong, au N. de la Guinée septentrionale.

252. FLEUVES.

Le Nil, qui se jette dans la Méditerranée.
Le Zambèze, qui se jette dans la mer des Indes.
L'Orange,
Le Zaïre ou Congo,
Le Niger,
Le Sénégal, } qui se jettent dans l'Atlantique.

253. LACS. Les plus importants sont :

Le lac Tchad,	Le lac Nyanza-Victoria,
Le lac Nyanza-Albert,	Le lac Tanganika.

254. GOLFES. Ce sont :

Le golfe d'Aden, à l'E.
Le golfe de Guinée, à l'O.

255. DÉTROITS.

Le détroit de Bab-el-Mandeb,
Le canal de Mozambique,
Le détroit de Gibraltar.

256. POPULATION, RACES ET RELIGIONS. La population de l'Afrique est d'environ 85 millions d'habitants.

Elle se divise en deux races : la race blanche, qui habite le N.; et la race nègre, qui est répandue partout, mais principalement au centre.

Les blancs sont en général chrétiens ou musulmans, et les nègres, idolâtres.

257. DIVISION POLITIQUE. L'Afrique renferme 19 régions principales, savoir :

Six au Nord :

L'empire du Maroc,	Le vilayet de Tripoli,
L'Algérie,	L'Égypte,
La régence de Tunis,	L'Abyssinie.

Quatre à l'Est :

Le pays des Somaulis,	La Cafrerie et la côte de
Le Zanguebar,	Natal.
Le Mozambique,	

Une au Sud :

Le gouvernement du Cap.

Cinq à l'Ouest :

La Hottentotie,	La Guinée propre ou supé-
La Cimbébasie,	rieure,
La Guinée inférieure ou	La Sénégambie.
Congo,	

Trois au Centre :

Le Sahara,   Le plateau central.
Le Soudan ou Nigritie,

RÉGION SEPTENTRIONALE

---

258. La région septentrionale comprend les *États Barbaresques* et la *vallée du Nil.*

BARBARIE

259. NOTIONS PHYSIQUES. La Barbarie est une large ceinture, qui s'étend le long de la mer, en face de l'Europe, jusqu'à l'Égypte. Elle est partagée en deux par l'*Atlas,* qui arrête les vents brûlants du désert, et protége ainsi la partie septentrionale. Aussi cette dernière est-elle très-fertile. Elle produit en abondance le froment, le riz, le maïs, le tabac et la canne à sucre. On y rencontre de belles plantations d'oliviers, d'orangers, de figuiers et de grenadiers. Au S. de l'Atlas, le pays n'a plus le même aspect qu'au N.; à mesure qu'on avance, on sent l'approche des vastes déserts de l'Afrique, et l'on est exposé à rencontrer le terrible lion de l'Atlas, le tigre et la panthère. Entre les animaux domestiques, on remarque le cheval de Barbarie, qui rivalise de vitesse et de beauté avec le cheval arabe.

260. NOTIONS POLITIQUES. La Barbarie comprend 4 divisions : à l'O., l'empire de Maroc; au milieu, l'Algérie et la régence de Tunis ; à l'E., le vilayet ou gouvernement général de Tripoli.

Les principaux peuples qui l'habitent sont les *Maures*, les *Arabes* et les *Berbers* (1).

I. EMPIRE DE MAROC

261. Notions politiques. La population est de 6 000 000 d'hab., qui suivent la religion mahométane, et sont soumis à un gouvernement despotique et héréditaire.

Fez, 150 000 hab., capitale du Maroc ; c'est aussi la ville la plus commerçante, la plus industrieuse et la plus savante de tout l'empire.

Maroc, 50 000 hab., ancienne capitale anjourd'hui déchue. On y fabrique d'excellent maroquin.

II. ALGÉRIE

262. Voyez *Possessions françaises* en Afrique, nº 282, p. 117.

III. RÉGENCE DE TUNIS

263. Notions politiques. La population est d'environ 2 millions d'habitants, presque tous mahomé-

(1) La Barbarie fut au moyen âge, et jusque dans les temps modernes, un repaire de pirates qui apparaissaient tout à coup sur nos côtes et emmenaient dans leurs cachots des milliers de chrétiens qu'ils s'efforçaient de faire apostasier. Les Trinitaires et les religieux de la Merci délivrèrent 1 200 000 de ces malheureux, et, pour payer leur rançon, durent recueillir au moins sept milliards de francs d'aumônes.

tans. Le gouvernement, qui est monarchique héréditaire (1), est exercé par un *bey*.

Tunis, 130 000 hab., capitale, ville commerçante et fortifiée, non loin des restes de l'ancienne Carthage.

IV. VILAYET DE TRIPOLI

264. Notions politiques. La population est de 1 150 000 h., qui suivent la religion de Mahomet. Le gouvernement, despotique et héréditaire, est exercé par un *pacha*, vassal de la Turquie.

Tripoli, 30 000 hab., capitale, commerce de garance, de poudre d'or et de plumes d'autruche.

VALLÉE DU NIL

NOTIONS PHYSIQUES

265. La partie septentrionale n'a d'important que l'étroite vallée qui borde les deux rives du Nil; le reste est un désert, parsemé de quelques oasis. Il n'y pleut presque jamais; mais le Nil inonde le sol tous les ans, pendant plusieurs mois, le couvre de son limon et lui communique une admirable fertilité. Dans le S. du bassin du Nil, en Abyssinie, le territoire est coupé de hautes montagnes, de rochers abrupts, de torrents et de vallées pittoresques. En Égypte, le cli-

(1) En vertu d'un firman du sultan de Turquie daté de 1871.

mat est excessivement chaud et sec; mais l'Abyssinie jouit d'une température plus douce.

NOTIONS POLITIQUES

V. ÉGYPTE

266. La population est de 17 000 000 d'hab. Le mahométisme est la religion dominante : néanmoins les autres cultes sont tolérés.

L'Égypte est gouvernée par un *khédive* ou vice-roi, vassal de la Porte, qui étend aujourd'hui sa domination sur la Nubie, le Kordofan et le Darfour.

267. Villes principales.

Le Caire, 350 000 hab., capitale de tout le royaume.

Alexandrie, ville populeuse et très-commerçante.

VI. ABYSSINIE

268. La population est d'environ 4 millions d'habitants, qui professent un christianisme mélangé de nombreuses erreurs et de superstitions grossières.

L'Abyssinie est divisée en plusieurs États, plus ou moins soumis à un seul prince, qu'on appelle *Négous* ou empereur des nègres.

Gondar, ville la plus importante.

RÉGION ORIENTALE

I. PAYS DES SOMAULIS

269. Ce pays comprend les côtes d'*Adel* et d'*Ajan*. Marécageuses et malsaines dans le voisinage de la mer, et d'ailleurs peu connues à l'intérieur, ces côtes sont habitées en général par des tribus de *Somaulis*, qui s'adonnent à la navigation et au commerce, mais surtout au soin des troupeaux. Ces peuples professent le mahométisme.

II. ZANGUEBAR

270. Ce pays est sillonné de nombreuses rivières, couvert d'épaisses forêts et de terrains marécageux et pestilentiels. Les serpents et les bêtes féroces y fourmillent. Les peuples du Zanguebar sont noirs pour la plupart et assez traitables. Une grande partie professent le mahométisme ; les autres sont idolâtres.

III. MOZAMBIQUE

271. Voyez *Possessions portugaises* en Afrique, n° 285, p. 119.

IV. CAFRERIE

ET COTE DE NATAL

272. La Cafrerie, encore mal connue, occupe une grande partie de l'Afrique méridionale. Les vallées et les plaines sont extrêmement fertiles. On y voit errer, depuis les chevreuils et les gazelles, jusqu'aux lions, aux panthères et autres bêtes féroces. La Cafrerie maritime est fréquemment désignée sous le nom de *Côte de Natal*.

RÉGION MÉRIDIONALE

I. GOUVERNEMENT DU CAP

273. Voyez *Possessions anglaises* en Afrique, n° 283, p. 118.

RÉGION OCCIDENTALE

I. HOTTENTOTIE

274. Les Hottentots, au nombre de 4 à 500 000 environ, s'occupent exclusivement à garder les troupeaux et à pourvoir à leur propre subsistance. Ils n'ont aucun goût pour l'agriculture, et poussent à l'excès la paresse et la malpropreté.

II. CIMBÉBASIE

275. La Cimbébasie est une côte aride et malsaine,
d'un abord dangereux, et presque inhabitée. Elle doit
son nom aux *Cimbébas*, qui habitent plus avant dans
les terres, occupés du soin des troupeaux.

III. GUINÉE INFÉRIEURE

OU CONGO

276. Les côtes de la Guinée inférieure sont marécageuses, brûlantes et pestilentielles, mais nourrissent
une admirable végétation. La Guinée renferme une
foule de petits États, dont plusieurs sont plus ou
moins soumis aux Portugais.

IV. GUINÉE PROPRE

OU SUPÉRIEURE

277. La Guinée propre, quoique exposée aux
ardentes chaleurs de la zone torride, produit une
étonnante végétation, grâce aux pluies périodiques qui
durent du mois de juin au mois d'octobre. Elle est
couverte d'impénétrables forêts et de vastes savanes,
où l'on trouve toutes sortes d'animaux sauvages. Les
habitants, qui appartiennent à la race nègre, sont
d'une extrême férocité, et leur religion est un mons-
trueux amalgame de tout ce que l'esprit humain peut

inventer de plus ridicule et de plus cruel. On trouve sur les côtes de la Guinée le poivre, l'ivoire, la poudre d'or. Les Européens y ont de nombreux établissements.

V. SÉNÉGAMBIE

278. La Sénégambie est exposée aux ardeurs d'un climat de feu. Marécageuse sur le littoral, elle offre, à l'intérieur, des plaines, des collines et des vallées, où se déploie la plus riche végétation. Malheureusement l'air est malsain, et le pays est plein de bêtes féroces et d'animaux dangereux. Les habitants sont nègres et divisés en une foule de petits royaumes. Il sont au nombre de 12 millions à peu près, professant un mahométisme mêlé de fétichisme. Les Européens comptent dans la Sénégambie de nombreux établissements.

RÉGION CENTRALE

I. SAHARA

279. On appelle *Sahara*, c'est-à-dire grand désert, l'immense pays situé entre les États Barbaresques et le Soudan. C'est une région dévorée par les rayons du soleil. On y rencontre de fréquentes oasis ; mais on est exposé à la morsure des serpents et à la dent des autres bêtes féroces. La population, qu'on évaluait, il y a quelque temps, à 1 million, doit être beaucoup plus considérable. Presque tous les habitants sont nomades et professent le mahométisme.

II. SOUDAN OU NIGRITIE

280. Ce pays est excessivement chaud ; le sol pourtant y est en général fertile, grâce aux nombreux cours d'eau qui le parcourent en divers sens. Les peuples qui habitent le Soudan professent un mahométisme plus ou moins altéré, et sont fort peu connus.

Tombouctou, ville commerçante.

III. PLATEAU CENTRAL

ET RÉGION DES LACS

281. Depuis vingt-cinq ans, d'intrépides voyageurs ont fait connaître, par des explorations successives, la région centrale de l'Afrique. C'est un immense plateau dominé par de hautes montagnes, parsemé de lacs, fertile, salubre et bien peuplé. Malheureusement cette terre, qui pourrait être prospère si elle était affranchie par le catholicisme, gémit sous l'étreinte d'un paganisme cruel et est désolée par le trafic des nègres.

POSSESSIONS FRANÇAISES

282. Les Français possèdent en Afrique :

1º L'*Algérie*. La population est de 2 millions et demi d'habitants à peu près. Elle est administrée par un gouverneur général, et divisée en trois départements, qui portent le nom de leurs chefs-lieux, savoir : *Alger, Oran, Constantine.*

ALGER ✝, 59 000 hab., sur le bord de la mer ; capitale de nos possessions en Algérie.

2° Le *Sénégal*, qui comprend le bassin du fleuve Sénégal et une partie des côtes.

V. pr. *Saint-Louis*, à l'embouchure du Sénégal, chef-lieu de nos établissements dans la Sénégambie.

3° Quelques comptoirs sur les côtes de Guinée.

4° Quelques îles dans l'océan Indien. Les plus importantes sont :

Madagascar, dont la France possède la souveraineté nominale. Cette île, l'une des plus grandes du monde, renferme, vers le centre, un plateau où règne une salubrité parfaite; mais sur les côtes, qui sont basses et marécageuses, le climat est extrêmement meurtrier, surtout pour les Européens. Les habitants, appelés Madécasses ou Malgaches, sont au nombre de 3 millions, la plupart païens.

Tananarive, ville principale.

La Réunion (île Bourbon), 184 000 hab. Le climat de la Réunion est délicieux et passe pour le plus sain du monde.

POSSESSIONS ANGLAISES

283. Les Anglais possèdent en Afrique :

1° Quelques colonies dans la Sénégambie.

2° Un certain nombre d'îles sur les côtes occidentales. La plus remarquable est *Sainte-Hélène*, où Napoléon Ier fut relégué par les Anglais en 1815, et mourut en 1821.

3° La colonie du *cap de Bonne-Espérance*, au S. de l'Afrique. Montagneuse dans une partie de son étendue, elle présente, sur les côtes méridionales, des campagnes délicieuses.

V. pr. *Le Cap*, résidence du gouverneur général.

4° Quelques autres territoires et îles sur les côtes du S.-E.

POSSESSIONS ESPAGNOLES

284. Les Espagnols possèdent :

1° Quelques places dans le Maroc.

2° Les *Canaries (îles Fortunées)*, dans l'océan Atlantique, 284 000 habitants. La plus importante est *Ténériffe*, célèbre par son pic de 3 710 m.

POSSESSIONS PORTUGAISES

285. Les possessions des Portugais en Afrique sont assez nombreuses ; ce sont :

1° Dans la Sénégambie , quelques comptoirs.

2° Dans l'Atlantique, les *Açores*, 260 000 hab., îles extrêmement fertiles et d'une température saine ; les îles *Madère*, 120 000 hab., non moins fertiles que les Açores, et qui produisent d'excellents vins ; les îles du *Cap-Vert*, 70 000 habitants.

3° Dans le Congo, de nombreux établissements, dont la population s'élève à 2 000 000 d'hab.

4° La *capitainerie générale de Mozambique*, 300 000 hab. Si cette contrée était bien cultivée, elle serait d'un produit immense. Mais les habitants, bien qu'appliqués au travail, sont trop peu nombreux pour une si vaste étendue de pays.

Mozambique, chef-lieu de la colonie (1).

______

(1) Les Hollandais avaient, en Afrique, sur la côte de Guinée, une colonie qu'on appelle *Saint-Georges-de-la-Mine* ou d'*El-Mina*, 100 000 hab.; mais ils l'ont cédée à l'Angleterre, en mars 1871.

AMÉRIQUE

L'Amérique est partagée naturellement en deux grandes moitiés, dont l'une est située au N. et l'autre au S.

AMÉRIQUE DU NORD

286. LIMITES. Elle est bornée, au N., par l'océan Glacial Arctique ; à l'E., par l'océan Atlantique ; au S. et à l'O., par le grand Océan.

287. ILES. Les îles les plus considérables sont :

Dans l'océan Glacial Arctique,	les îles Septentrionales, la grande terre du Groënland,
Dans l'Atlantique,	l'île de Terre-Neuve, les Lucayes ou Bahama, les Antilles, qu'on divise en grandes et petites.
Dans le grand Océan,	les îles Aléoutiennes.

288. PRESQU'ÎLES. Ce sont :

Le Labrador,	Le Yucatan,
La Floride,	La Californie.

289. CAPS. Les principaux sont :

Le cap Farewell, au S. du Groënland,
Le cap San-Lucas, au S. de la Californie.

290. MONTAGNES. Les plus importantes sont :
Les Montagnes-Rocheuses,
Les Cordillères.

291. FLEUVES.
Le Saint-Laurent,   Le Mississipi.

292. LACS.
Le lac Supérieur,   Le lac Huron.

293. MERS. L'Amérique septentrionale est baignée par trois grandes mers, qui en forment plusieurs petites, savoir :

L'océan Glacial, qui forme la mer de Baffin.
L'océan Atlantique, qui (la mer d'Hudson,
  forme   (la mer des Antilles.
Le grand Océan, qui forme la mer de Behring.

294. GOLFES.
Le golfe Saint-Laurent,   Le golfe du Mexique.

295. DÉTROITS.
Le détroit de la Floride, entre la presqu'île de ce nom et l'île de Cuba.
Le détroit de Behring, entre l'ancien et le nouveau continent.

296. POPULATION, RACES ET RELIGIONS. La population de l'Amérique du Nord peut être évaluée à 60 millions d'habitants. Cette population présente deux grandes divisions : peuples d'origine étrangère, et peuples américains ou indigènes. Ces derniers ne forment qu'une mince partie de la population totale.

Tous les peuples civilisés de l'Amérique du Nord sont chrétiens. Quelques-uns sont catholiques; les autres sont protestants. Les sauvages sont livrés à un fétichisme grossier; cependant le catholicisme fait des progrès parmi eux, grâce au dévouement des missionnaires.

297. DIVISION POLITIQUE. L'Amérique septentrionale renferme 4 grandes régions :

L'Amérique anglaise, Le Mexique,
Les États-Unis, L'Amérique centrale.

A l'Amérique du Nord se rattache naturellement l'île d'Haïti.

I. AMÉRIQUE ANGLAISE

298. Voyez les *Possessions anglaises*, à la fin de l'Amérique du Nord, p. 126, n° 312.

II. ÉTATS-UNIS

299. LIMITES. Les États-Unis sont bornés, au N., par l'océan Glacial Arctique et par la Nouvelle-Bretagne ; à l'E., par l'océan Atlantique ; au S., par le golfe du Mexique et le Mexique ; à l'O., par le grand Océan.

300. SOL, CLIMAT ET PRODUCTIONS. Les États-Unis sont à peu près seize fois plus grands que la France. Cette vaste superficie offre tantôt de belles prairies et de superbes forêts, tantôt des plaines fertiles et cultivées avec soin, et enfin, du côté de l'O., des montagnes rocailleuses et des vallées profondes. Les maladies et surtout la fièvre jaune exercent de terribles ravages dans certaines contrées. Le climat est glacial au N., assez chaud sur les côtes de l'Atlantique ; et, au S., on retrouve le climat du midi de l'Europe. On cultive aux États-Unis toutes sortes de grains, et on y récolte presque tous les fruits de nos régions : mais la principale richesse consiste dans le coton, qui est cultivé sur une très-grande échelle, surtout dans les États méridionaux. On y trouve encore des mines de plomb, de cuivre, de fer, de houille, mais principalement de riches mines d'or, dans la Californie.

301. POPULATION. Environ 40 millions d'habitants, dont 3 millions d'esclaves, qui ont été affranchis en 1865.

302. RELIGION. L'Union tolère tous les cultes. Les religions les plus répandues sont le protestantisme et le catholicisme.

303. GOUVERNEMENT. Un président élu pour quatre ans, et un congrès, composé du sénat et de la chambre des représentants, constituent le gouvernement fédéral. Ce gouvernement siége à Washington, et décide de toutes les affaires d'intérêt général. Chacun des États (1) forme une république indépendante, et règle à son gré toutes les affaires locales.

304. VILLES PRINCIPALES.

WASHINGTON, 110000 hab., résidence du président, siége du congrès et capitale de la confédération.

Boston †, vaste et excellent port, patrie de Franklin.

New-York ‡, la première cité américaine.

Brooklyn, ville commerçante vis-à-vis de New-York.

Philadelphie †, ville industrielle.

Baltimore †, grand commerce de farine.

La *Nouvelle-Orléans* ‡, près de l'embouchure du Mississipi; commerce important de coton.

____

(1) L'Union comprend trente-huit États, dix territoires et un district fédéral.

305. ARMÉE, MARINE. En 1876, l'armée comprenait 30 000 h., et la marine de guerre, 146 navires portant 1 200 canons.

306. INDUSTRIE, COMMERCE. Les Américains de l'Union sont en général agriculteurs; mais l'industrie n'en a pas moins acquis un grand développement, surtout dans les États de l'Est. Les filatures de coton et de laine sont en nombre très-considérable. Pour le commerce maritime et les échanges, les États-Unis viennent au second rang parmi les puissances du globe, et l'on peut dire que les négociants américains sont devenus comme les facteurs de tout le monde commerçant.

III. MEXIQUE

307. NOTIONS PHYSIQUES. Le Mexique, compris entre les deux Océans, les États-Unis et le Guatémala, est une haute terre, coupée par les monts Rocheux, et remplie des mines les plus précieuses. Dans les endroits élevés, la température est celle de l'Italie et de l'Espagne; mais les régions basses sont naturellement peu salubres. Le Mexique donne en abondance le café, le sucre et le coton.

308. NOTIONS POLITIQUES. Le Mexique, ancienne colonie de l'Espagne, s'est révolté contre la métropole, en 1821. Depuis lors, il n'a cessé d'être déchiré par la guerre civile. On évalue la population à 9 280 000 habitants.

Les villes principales sont :

MEXICO ✴. 230 000 hab., sur les bords d'un lac délicieux.

Vera-Cruz †, port commerçant, sur le golfe du Mexique.

IV. AMÉRIQUE CENTRALE

309. On comprend sous ce nom cinq petites républiques indépendantes, dans lesquelles le climat et les productions sont les mêmes qu'au Mexique. Ce sont :

1° La république de *Guatémala*, 1 191 000 h., dont la capitale est *Guatémala* †, 45 000 h., ville commerçante sur le grand Océan.

2° La république de *San-Salvador*, 600 000 h.

3° La république de *Honduras*, 352 000 h.

4° La république de *Nicaragua*, 250 000 h.

5° La république de *Costa-Rica*, 185 000 h.

V. ILE D'HAITI

310. L'île d'*Haïti* ou de *Saint-Domingue*, 900 000 hab., l'une des grandes Antilles, contient des pâturages étendus, de très-belles mines d'or, et produit en abondance le coton, le café, le sucre et l'indigo. Elle renferme deux petits États : la république *haïtienne*, cap. *Port-au-Prince*; et la république *dominicaine*, cap. *Santo-Domingo*.

POSSESSIONS FRANÇAISES

311. Les Français possèdent dans les Antilles : la *Guadeloupe*, 164 000 h., qui produit le café, la canne à sucre et le tabac ; la *Martinique*, 153 000 hab., dont le terrain est très-fertile, et donne le coton, le café, le tabac et la canne à sucre. — Enfin, quelques autres petites îles.

POSSESSIONS ANGLAISES

312. 1° Au N., la *Nouvelle-Bretagne*. Une partie est couverte par les Montagnes-Rocheuses ; le reste n'est guère qu'un assemblage de plaines sans verdure, de collines, de rivières, de rochers, de lacs et de marais. Les contrées méridionales renferment pourtant des terres en labour et de belles prairies.

Au point de vue politique, les colonies anglaises de la Nouvelle-Bretagne forment une confédération, sous le nom de *Dominion*, dont la population dépasse 3 millions et demi d'hab., et dont le gouvernement siége à *Ottawa* †, 22 000 h. Les principales provinces qui font actuellement partie du *Dominion* sont : le *Canada*, cap. *Québec*, 60 000 h. ; ville principale, *Montréal*, 110 000 h. ; la *Nouvelle-Écosse*, le *Nouveau-Brunswick*, le gouvernement de *Terre-Neuve*, etc.

2° Les îles *Lucayes*, et les *Antilles anglaises*, dont la plus importante est la *Jamaïque*.

POSSESSIONS ESPAGNOLES

313. 1° *Cuba*, 1 400 000 h., la plus grande des Antilles. Le sol en est fécond et le climat très-chaud.

La capitale est *la Havane*, ville forte et commerçante.

2° L'île de *Porto-Rico*, 625 000 hab.

POSSESSIONS DANOISES

314. 1° Le *Groënland*, vaste étendue de terre qui
se trouve au N., et est habitée par une race d'Esqui-
maux très-petits et très-laids.

2° Quelques îles dans les Antilles.

POSSESSIONS HOLLANDAISES

315. Quelques îles dans les Antilles, entre autres
Saba et *Saint-Eustache*.

POSSESSIONS SUÉDOISES

316. L'île *Saint-Barthélemy*, dans les petites
Antilles.

POSSESSIONS VÉNÉZUÉLIENNES

317. Le Vénézuéla possède plusieurs Antilles, dont
la glus grande est la *Marguerite*.

AMÉRIQUE DU SUD

318. Limites. Ce sont, au N. et à l'E., l'Atlantique; à l'O., le grand Océan.

319. Iles. On trouve dans le grand Océan :
L'archipel de Magellan ou de la Terre-de-Feu,
L'archipel de Chiloë, au S. du Chili.

320. Caps.

Le cap Saint-Roch,   Le cap Blanc.
Le cap Horn,

321. Montagnes. Les plus importantes sont les *Cordillères,* qui parcourent l'Amérique méridionale du N. au S., le long de la côte occidentale.

322. Isthme.

L'isthme de Panama, qui joint entre elles les deux parties de l'Amérique.

323. Fleuves.

L'Orénoque,   La Plata.
Le grand fleuve des Ama-
   zones,

324. Détroit.

Le détroit de Magellan, entre la Patagonie et la Terre-de-Feu.

325. Population, races et religions. On compte dans l'Amérique méridionale environ 21 millions d'habitants. La majorité se compose de blancs, originaires d'Europe. A part quelques tribus sauvages livrées au fétichisme, toute cette immense contrée est catholique.

326. DIVISION POLITIQUE. L'Amérique du S. renferme 11 États, non compris les possessions européennes. Ce sont :

Les États-Unis de la Colombie, ou Nouvelle-Grenade,

La république de Vénézuéla,

La république de l'Équateur,

Le Brésil,

Le Pérou,

La Bolivie ou Haut-Pérou,

Le Chili,

La république Argentine ou de la Plata,

Le Paraguay,

L'Uruguay,

La Patagonie.

I. ÉTATS-UNIS DE LA COLOMBIE

AUTREFOIS

NOUVELLE-GRENADE (1)

327. Les États-Unis de la Colombie ont pour bornes, au N., la mer des Antilles; à l'E., la république de Vénézuéla; au S., la république de l'Équateur; à l'O., le grand Océan. C'est un pays élevé et couvert de bois. Ses productions sont très-riches.

La population est d'environ 3 millions d'hab., qui vivent en république et sont gouvernés par un président. La capitale est *Bogota* ou *Santa-Fé de Bogota* ‡, 50 000 h.

II. VÉNÉZUÉLA

328. La république de Vénézuéla est située à l'E. des États-Unis de la Colombie, sur le bord de l'Atlan-

---

(1) La Nouvelle-Grenade, la république de Vénézuéla et celle de l'Équateur formaient autrefois un seul État, sous le nom de *Colombie.* Depuis 1831, elles se sont séparées.

tique. Sa population est de 1 800 000 hab. Capitale *Caracas* ‡, 50 000 hab. Ville principale *Maracaïbo,* place forte et port de commerce.

III. RÉPUBLIQUE DE L'ÉQUATEUR

329. La république de l'Équateur est située au S. des États-Unis de la Colombie, sur les bords du grand Océan. — Pop. 1 661 000 hab. Cap. *Quito* ‡, 76 000 h.

IV. BRÉSIL

330. Notions physiques. Le Brésil est un immense plateau boisé, qui égale presque en étendue les trois quarts de l'Europe. A l'intérieur s'élèvent des forêts vierges, où vivent en liberté d'innombrables tribus sauvages. Sur la côte, les terres sont fertiles et le climat très-chaud. On trouve au Brésil des diamants, et des mines d'or et d'argent.

331. Notions politiques. La population atteint 10 108 000 h. (1); le gouvernement est une monarchie impériale.

Rio-Janeiro †, capitale, 275 000 h., ville commerçante, dans une belle position.

Ville principale *Recife* ou *Pernambouc,* port très-commerçant.

(1) Les Indiens répandus dans les immenses forêts du Brésil sont au nombre d'un million environ et ne sont pas compris dans le recensement.

V. PÉROU

332. NOTIONS PHYSIQUES. Le Pérou, situé entre le Brésil et le grand Océan, est traversé par la chaîne des Andes ou Cordillères. La côte est sablonneuse ; la région des montagnes renferme des mines précieuses et très-abondantes : au delà des montagnes s'étend une vaste plaine, couverte de prairies et de forêts.

333. NOTIONS POLITIQUES. La population est de 2 721 000 h., qui vivent en république (1).

LIMA ✝, capitale, 100 000 h., dans une plaine spacieuse. — A quelques kilomètres de la ville se trouve le *Callao,* qui en est comme le port.

VI. BOLIVIE OU HAUT-PÉROU

334. La Bolivie a beaucoup de rapport avec le Pérou pour le sol et les productions. On y compte environ 2 millions d'hab., qui vivent sous le régime républicain.

Chuquisaca, appelée aussi la *Plata,* et le plus souvent *Sucre* ✝, 24 000 hab., est la cap. de la Bolivie. Dans les environs se trouve une mine d'argent.

La *Paz* ✝, 76 000 hab., sur un torrent qui roule des paillettes d'or.

---

(1) Les Indiens sauvages ne sont pas compris dans le recensement.

VII. CHILI

335. Le Chili est une lisière étroite entre la chaîne des Andes et le grand Océan. Le sol, aride et sablonneux de sa nature, est coupé par une infinité de petites rivières qui fertilisent les vallées où elles coulent. Le climat est doux et bienfaisant ; les productions, riches et variées : les montagnes renferment en abondance des mines d'or, d'argent, de pierres précieuses et surtout de cuivre.

La population, de 2 068 000 hab., est soumise à un gouvernement républicain. Cap. *Santiago* ‡, 148 000 hab. Ville principale *Valparaiso*, grand port de commerce.

VIII. RÉPUBLIQUE ARGENTINE

DE LA PLATA OU DE BUENOS-AYRES

336. Cet immense territoire, situé à l'E. du Chili, est composé en grande partie de pâturages, de marais, de sables et de forêts. On y trouve des jaguars, des troupeaux de buffles et d'énormes serpents.

La république Argentine est une confédération, constituée à peu près comme les États-Unis. On porte à 1 877 000 le chiffre de la population. Capitale *Buenos-Ayres* ‡, 178 000 hab., grand port de commerce sur la Plata.

IX. PARAGUAY

337. Il y a une grande ressemblance entre le sol de cette petite république et celui de la confédération Argentine. La population est de 221 000 h. Capitale *Assomption* †, 20 000 h., sur le Paraguay (1).

X. URUGUAY

OU RÉPUBLIQUE DE MONTÉVIDÉO

338. L'Uruguay forme une république indépendante, dont la population est de 350 000 h. La capitale est *Montévidéo*, 105 000 h., port commerçant à l'embouchure de la Plata (2).

XI. PATAGONIE

339. La Patagonie est un pays froid et désert, qui n'a pas d'organisation politique. Elle est habitée par les Araucans et les Patagons, peuples païens et nomades. La taille de ces derniers, qu'on s'est plu à exagérer, n'excède pas deux mètres.

(1) Pendant la guerre de cinq ans qui a commencé en 1865, la malheureuse population du Paraguay a diminué des trois quarts.

(2) Toutes les petites républiques dont nous venons de parler pourraient être heureuses, puisque le Ciel leur a départi le plus souvent un climat sain et des terres fécondes ; mais elles sont presque continuellement en proie à la guerre civile.

A la Patagonie se rapporte l'archipel de la Terre-de-Feu, qui en est séparé par le détroit de **Magellan**.

POSSESSIONS FRANÇAISES

340. La Guyane, qui s'étend de l'embouchure de l'Orénoque à celle de la rivière Oyapock, est une immense plaine ou savane, entrecoupée de marécages, de rivières et de forêts. Le climat est chaud et malsain, surtout dans les bas-fonds et sur les côtes. La terre est d'une telle fertilité, qu'elle donne quelquefois sept ou huit récoltes.

La partie de la Guyane qui appartient à la France renferme 24 000 hab.; chef-lieu *Cayenne*, située dans une île du même nom. Le gouvernement français déporte à Cayenne une partie des condamnés aux travaux forcés.

POSSESSIONS ANGLAISES

341. *Guyane anglaise*, 215 000 hab., capitale *George-Town* ou *Stabrock*.

POSSESSIONS HOLLANDAISES

342. La *Guyane hollandaise* ou colonie de Surinam renferme 70 000 hab., et a pour capitale *Paramaribo*.

OCÉANIE

343. Limites. L'Océanie est baignée au N., à l'E. et au S., par le grand Océan; à l'O., par la mer des Indes et la mer de Chine.

344. Division. Les géographes ont partagé l'Océanie en quatre grandes régions : 1° au N., la *Micronésie* (petites îles); à l'E., la *Polynésie* (îles nombreuses); au S.-O., la *Mélanésie* (îles des Noirs), appelée par d'autres *Australie;* à l'O., la *Malaisie* (région des Malais).

345. Aspect, climat et productions. L'Océanie se fait remarquer par l'extrême variété de son climat et de ses productions. Au N. et à l'E., on rencontre une infinité de petites îles plus ou moins rapprochées. Elles sont couvertes la plupart d'une riche végétation; mais elles sont souvent difficiles à aborder à cause des bancs de corail dont elles sont environnées. Le climat est assez frais, et jamais la chaleur n'y devient insupportable même pour les Européens. Elles produisent le cocotier, l'igname, la banane, la patate, qui fournissent aux insulaires leur nourriture. On y trouve une multitude d'oiseaux parés des plus éclatantes couleurs.

La Mélanésie se rapproche davantage de l'Europe. Les animaux et les plantes qu'on importe dans ce pays n'ont aucune peine à s'y acclimater,

La Malaisie présente une nature toute différente. Le sol est montagneux et volcanique; néanmoins il est toujours couvert de la plus riche végétation. On y trouve en quantité l'or, le cuivre, le fer, l'étain, le soufre et la houille.

I. MICRONÉSIE

346. La Micronésie n'est pour plusieurs géographes qu'une subdivision de la Polynésie. On y remarque :

Les îles Mariannes,   L'archipel des Carolines.

II. POLYNÉSIE

347. Les principales îles de la Polynésie sont :

L'archipel de Sandwich,
L'archipel des Marqui-
    ses,
Les îles des Navigateurs
    ou archipel de Bou-
    gainville,

L'archipel de Taïti ou de la
    Société,
Les îles des Amis,
Les îles Viti.

III. MÉLANÉSIE

348. Les principaux groupes d'îles sont :

La Nouvelle-Guinée ou
    Papouasie,
La Nouvelle-Calédonie,

La Nouvelle-Zélande,
L'Australie ou Nouvelle-Hol-
    lande.

IV. MALAISIE

349. Les îles les plus importantes sont :

Les Philippines,

Les Moluques,

Les Célèbes,

Les îles de la Sonde : Suma-matra, Java, etc.

L'île Bornéo.

POSSESSIONS FRANÇAISES

350. 1° La *Nouvelle-Calédonie* avec ses dépendances, 65 000 h., où l'on déporte une partie des condamnés aux travaux forcés.

2° Les îles *Marquises*, 4 000 h.

POSSESSIONS ANGLAISES

351. L'*Australie*, 2 102 000 h., capitale *Sidney* †, port magnifique et chef-lieu des possessions anglaises dans l'Océanie.

2° La *Tasmanie* ou *Terre de Van-Diémen*, 104 000 hab.

3° La *Nouvelle-Zélande*, 421 000 hab.

POSSESSIONS ESPAGNOLES

352. 1° La plus grande partie des *Philippines*. *Manille* †, dans l'île de Luçon, est la résidence du gouverneur.

2° Les *Mariannes*.

Population totale, 6 037 000 hab.

POSSESSIONS HOLLANDAISES

353. 1º La plupart des *Moluques*.

2º Quelques établissements sur les côtes de *Bornéo* et de *Célèbes*.

3º L'île de *Sumatra* presque en entier, et l'île de *Java*.

4º Une partie de la *Papouasie*.

La capitale de ces possessions est *Batavia*, 100 000 hab., dans l'île de Java.

Population totale, 24 millions d'habitants.

GÉOGRAPHIE

DE LA

PALESTINE

NOTIONS PHYSIQUES

1. LIMITES. La Palestine était bornée au N. par la Phénicie et la Syrie ; à l'E. et au S., par l'Arabie ; à l'O., par la mer Intérieure ou Méditerranée.

2. MONTAGNES CÉLÈBRES. (Dans la chaîne du Liban.) Le mont *Thabor*, sur lequel Notre-Seigneur fut transfiguré.

Le mont *Carmel*, au pied duquel on voit la grotte habitée par Élie.

Le mont *Gelboë*, célèbre par la défaite et la mort de Saül et de son fils Jonathas.

Le mont *Garizim*, où les Samaritains bâtirent un temple à l'imitation de celui de Jérusalem.

Le mont *Calvaire*, sur lequel Jésus-Christ consomma la rédemption du genre humain.

Le mont *Sion*, dans la ville sainte.

(A l'E. du Jourdain ou de la mer Morte.)
Les montagnes de *Galaad*.
Le mont *Nébo*, témoin de la mort de Moïse.

3. Fleuves. Le *Jourdain*, qui forme le lac de Génésareth et se jette dans la mer Morte ou Asphaltite.

Le torrent de *Cédron*, qui passe à Jérusalem et va se perdre également dans la mer Morte.

4. Lacs. On trouve fréquemment cités dans l'Écriture sainte :

Le lac de *Génésareth*, autrement mer de *Galilée* ou lac de *Tibériade*.

Le lac *Asphaltite* ou mer *Morte*.

NOTIONS POLITIQUES

5. La Palestine, dont le nom fut tiré de celui des Philistins (1), était aussi appelée du nom général de Judée. Sur les bords de la mer Morte existaient, au temps d'Abraham, les cinq villes de *Sodome, Gomorrhe, Adama, Séboïm* et *Ségor*, qui furent détruites par le feu du ciel. A la même époque, ce pays était habité par onze petits peuples, entre lesquels on remarquait les *Jébuséens*, les *Chananéens*, les *Philistins* et les *Amalécites*.

Après les avoir vaincus, Josué distribua la Palestine aux douze tribus d'Israël : *Ruben, Siméon, Juda, Issachar, Zabulon, Dan, Nephthali, Gad, Aser, Benjamin, Manassé, Éphraïm*. On sait que la tribu de *Lévi*, chargée des cérémonies religieuses et de la conservation des lois, n'eut point de part à la distribution des terres.

Sous le règne de Roboam, fils de Salomon, dix

____

(1) Le pays des Philistins, contrée de la Palestine, n'était qu'une langue de terre étroite, située au S.-O., le long de la Méditerranée.

tribus se séparèrent des autres. Il se forma ainsi deux royaumes : celui de *Juda*, capitale *Jérusalem;* et celui de *Samarie,* avec une capitale de même nom.

I. PALESTINE VERS LE TEMPS DE J.-C.

6. Les Romains divisèrent la Palestine en quatre provinces : la *Galilée,* au N.; la *Samarie,* au milieu; la *Judée* propre, au S., et la *Pérée,* à l'E.

Voici quelles en étaient les villes principales :

Dans la Galilée : *Béthulie,* célèbre par le dévouement de Judith et la mort d'Holopherne. — *Capharnaüm,* au N.-O. du lac de Génésareth. — *Cana,* où Notre-Seigneur fit son premier miracle. — *Nazareth,* résidence de la Sainte Famille. — *Génésareth,* plus tard *Tibériade,* au S.-O. du lac de ce nom. — *Ptolémaïs* (Saint-Jean-d'Acre), sur la côte. — *Naïm,* célèbre par une résurrection qu'opéra Jésus-Christ. — *Jezraël,* dont le nom rappelle la vigne de Naboth, la punition d'Achab et la mort de Jézabel.

Dans la Samarie : *Césarée,* sur le bord de la mer, résidence des gouverneurs romains. — *Samarie,* cap. du royaume d'Israël. — *Sichem,* cap. du royaume, après la destruction de *Samarie* par Salmanasar.

Dans la Judée : *Joppé* (Jaffa), sur la côte. — *Arimathie,* patrie de Joseph, qui ensevelit Jésus-Christ. — *Ascalon,* d'où nous vient l'échalote. — *Gaza,* la première ville des Philistins. — *Emmaüs, Rama, Béthanie,* petites villes situées dans les environs de Jérusalem. — *Jéricho, Bethphagé,* vers la mer Morte.

— *Jérusalem* ou la *Ville sainte*, d'abord capitale de toute la Palestine, puis du royaume de Juda (1). Ce fut là, sur une montagne qui s'élevait aux portes de la ville et qui est maintenant comprise dans la ville même, que les Juifs crucifièrent Notre-Seigneur Jésus-Christ, Fils unique de Dieu. — *Bethléem,* où Jésus-Christ naquit, dans une étable. C'est aussi la patrie de David. — *Hébron,* fameux par la caverne qui servit de sépulture aux trois patriarches Abraham, Isaac et Jacob.

Dans la Pérée : *Rabbath-Ammon,* capitale des Ammonites.

Rabbath-Moab, cap. des Moabites.

II. PALESTINE DANS LES TEMPS ACTUELS

7. La Palestine, à peine grande comme trois départements français et peuplée seulement de 250 000 habitants, n'est plus aujourd'hui qu'une ruine de ce qu'elle était autrefois. Les trois villes les plus remarquables sont :

Acre ou *Saint-Jean-d'Acre* † (Aco, Ptolémaïs), cité forte et commerçante, où les principales nations européennes entretiennent des consuls.

Jaffa, lieu de débarquement pour les pèlerins qui se rendent à Jérusalem.

JÉRUSALEM, 28 000 h., où Jésus-Christ, Fils de Dieu,

(1) Adrien releva Jérusalem, détruite par Titus, et lui donna le nom d'*Ælia Capitolina.*

mourut crucifié, pour le salut des hommes. Cette ville **est** la résidence d'un patriarche catholique (1).

(1) **Nous** croyons procurer à la piété des élèves une véritable **satisfaction**, en leur donnant ici quelques renseignements sur les **principaux** endroits sanctifiés par la présence de Notre-Seigneur. **Ces détails** sont extraits à peu près textuellement des lettres du **baron** de Géramb, ancien général, et chambellan de l'empereur d'Autriche, en religion, P. Marie-Joseph, trappiste.

JÉRUSALEM

Jérusalem, située au milieu de montagnes arides et désertes, est **totalement** entourée de hautes murailles. L'ancienne ville était **située sur** le même terrain, excepté que la montagne du Calvaire **ne se** trouvait pas dans son enceinte, comme elle y est aujourd'hui. Les murs peuvent avoir 120 pieds de haut ; leur épaisseur ne semble pas proportionnée à leur élévation. On y voit des **pierres** qui appartenaient évidemment à l'ancien temple ; elles sont **d'une** grandeur immense. L'ancienne Jérusalem avait douze portes, **la** nouvelle n'en a que sept.

Vue du haut des montagnes, Jérusalem a une certaine apparence de grandeur qui vous frappe ; l'aspect imposant des mosquées, des dômes et des minarets, qui dominent les autres édifices, **produit** cette illusion ; mais, quand on est une fois dans l'intérieur de la ville, tout s'évanouit : Jérusalem ne paraît plus que ce qu'elle **est** en réalité, une ville de décombres et de ruines. Ses **maisons** carrées, en général petites, basses, sans fenêtres, couvertes d'un toit plat en terrasse, au-dessus duquel s'élève quelquefois une petite rotonde, ressemblent à une masse de pierres **entassées** pour une construction, plutôt qu'à une habitation véritable, et sont de l'effet le plus triste. Les rues ne sont que des **percées** étroites, sales et de l'irrégularité la plus choquante. Le **quartier** le moins mal bâti est celui des Arméniens : il y règne un peu de propreté, et même une certaine aisance, qui ne sert **qu'à** faire ressortir ce que les autres parties de la ville ont de **hideux**.

Jérusalem a trois rues principales :

1° La rue de la *porte de la Colonne*, qui traverse irrégulièrement la ville du nord au midi.

2° La *voie Douloureuse*, plus irrégulière encore que la précédente ; c'est celle que parcourut Notre-Seigneur, en allant au supplice. Elle passe devant la maison de Pilate et aboutit au Calvaire.

3° La rue du *Grand-Bazar*.

On vénère en particulier, à Jérusalem, le *Saint-Sépulcre*, dans une église bâtie sur le mont Calvaire, et, tout près de la ville, le *jardin des Oliviers*, où

Deux monuments magnifiques brillent au milieu de cette triste cité : ce sont l'*église du Saint-Sépulcre* et la *mosquée d'Omar*. La première a été construite par l'impératrice Hélène, mère de Constantin, sur un emplacement qui fut le théâtre du crucifiement, de la sépulture et de la résurrection de Jésus-Christ. Le rocher dans lequel était creusé le tombeau a été entièrement détaché de la montagne, et la partie qui renferme le sépulcre s'élève maintenant au-dessus du sol, sous la forme d'une grotte, revêtue de lames de beau vert antique.

La mosquée que construisit le calife Omar, sur l'emplacement du temple de Salomon, offre un aspect bien autrement grandiose que l'église du Saint-Sépulcre. C'est un vaste temple octogone, surmonté d'une lanterne de même forme. Extérieurement, les murs sont revêtus de tuiles vernissées, couvertes d'arabesques et de versets du Koran en lettres d'or. A l'intérieur, le sol et les murs sont revêtus de marbre, et le sanctuaire est enrichi des matériaux les plus précieux.

Pour arriver au *jardin des Oliviers*, il faut traverser le torrent de *Cédron*. Ce jardin appartient aux Pères de Terre-Sainte. Il est clos par une mauvaise muraille de trois pieds de haut, construite à pierres sèches. Son étendue est de cent pas en carré. On y remarque huit oliviers d'une grosseur extraordinaire, et d'une antiquité si visible, que l'on peut croire avec la tradition qu'ils existaient du temps de Jésus-Christ.

Vers l'extrémité du jardin est l'endroit où les apôtres s'endormaient sur une espèce de roc, tandis que Notre-Seigneur priait. Un peu plus loin se trouve la *grotte de l'Agonie;* elle est absolument dans le même état que du temps de Jésus-Christ. Elle forme une espèce de voûte qui s'appuie sur trois pilastres de la même roche, et reçoit le jour par une ouverture pratiquée dans le haut. Ce fut dans ce lieu, l'un des plus augustes de l'univers, que le Sauveur ressentit les horreurs du trépas; que de ses yeux s'échappèrent des larmes brûlantes, qui, se mêlant à une sueur de sang, inondèrent son corps sacré!... A l'endroit où l'innocent Agneau se résigna pour nous à subir toutes les rigueurs du Ciel outragé, s'élève un autel surmonté d'un tableau représentant Notre-Seigneur soutenu par un ange. On y lit cette inscription :

Hic factus est sudor ejus sicut guttæ sanguinis decurrentis in terram.
(Ici la sueur devint comme des gouttes de sang coulant jusqu'à terre.)

Un lieu qu'on ne peut regarder sans éprouver un frémissement

Notre-Seigneur tomba en agonie et répandit une sueur de sang.

Depuis que cette ville malheureuse s'est rendue

secret, c'est celui où Judas livra son maître ; il a quinze à vingt pas de longueur sur deux de largeur, et se trouve entre deux petits murs. On le nomme *Osculo*, à cause du baiser que le perfide apôtre donna au Sauveur.

NAZARETH

Cette petite ville, patrie de la très-sainte vierge Marie, qui y conçut le Sauveur du monde, est surtout célèbre pour avoir été habitée par Jésus-Christ, environ trente années. Quoique assez bien bâtie, comparativement aux autres villes de l'ancienne Judée, Nazareth n'est réellement aujourd'hui, comme autrefois, qu'une chétive et misérable bourgade : elle ne présente en général que de petites maisons irrégulièrement groupées sur le penchant et au pied d'une montagne, qui s'élève en amphithéâtre. La population de Nazareth est d'environ 3 000 habitants.

L'église, très-belle et tenue avec une propreté extraordinaire, est dans l'intérieur du monastère. C'est là que se trouve le lieu où s'opéra l'ineffable mystère de l'Incarnation. On descend à l'endroit dans lequel était la sainte Vierge, lors de l'apparition de l'esprit céleste, par un large et magnifique escalier de marbre blanc. Comme tous les autres sanctuaires de la Palestine, celui-ci est placé sous un autel, où des lampes ardentes sont continuellement entretenues. Sur une table de marbre, on lit, écrits en gros caractères, ces mots augustes, qui sont la plus énergique expression de l'amour infini de Dieu pour les hommes :

Verbum caro hic factum est!
(Ici le Verbe s'est fait chair !)

Derrière l'autel sont deux chambres taillées dans le roc, qui faisaient partie de l'habitation de saint Joseph. (Mgr Mislin, édit. de 1858, ne parle que d'une seule.) Quant à la maison même, on sait qu'elle a été transportée par les anges à Lorette (Italie), dans le xiiie siècle.

BETHLÉEM

Cette ville, agréablement située sur un monticule et entre deux collines, domine une longue vallée qui s'étend du levant au couchant. La colline du midi est couverte d'oliviers, plantés çà et là sur un terrain rougeâtre, hérissé de cailloux ; la colline du nord, dont le sol est semblable, est plantée de figuiers.

coupable d'un déicide, elle a subi de nombreuses et cruelles vicissitudes. Elle a été prise et saccagée dix-

Le couvent de Bethléem, qui présente l'aspect d'une forteresse, tient à l'église par une cour entourée de hautes et épaisses murailles. Cette église, d'une grande antiquité, conserve les marques de son origine grecque. Elle est en forme de croix, et supportée par quarante-huit colonnes d'ordre corinthien, placées sur quatre lignes. Le sanctuaire, qui occupe le haut de la croix, est élevé de trois marches au-dessus de la nef. On y voit un autel dédié aux Mages. Au bas de cet autel, on remarque sur le pavé une étoile de marbre. Cette étoile, suivant la tradition, correspond au point du ciel où s'arrêta l'astre miraculeux qui guida les trois Rois. L'endroit où naquit le Sauveur du monde se trouve perpendiculairement au-dessous de cette étoile de marbre, dans l'église souterraine de la crèche.

Deux escaliers tournants s'ouvrent aux deux côtés du chœur de l'église supérieure, et descendent à l'église souterraine, placée sous ce chœur. Celle-ci est le lieu à jamais révéré de la nativité du Sauveur. Avant d'y entrer, le Supérieur met un cierge à la main de chaque pèlerin ; cette sainte grotte occupe l'emplacement irrégulier de l'étable et de la crèche ; elle a trente-sept pieds et demi de long, onze pieds trois pouces de large, et neuf pieds de haut. Elle est taillée dans le roc ; les parois sont revêtues de marbre, et le pavé est également d'un marbre précieux. L'église, qui ne reçoit aucun jour du dehors, est éclairée par trente-deux lampes envoyées par différents princes chrétiens. Tout au fond de la grotte, du côté de l'Orient, se trouve la place où la Vierge enfanta le Rédempteur du monde. Cette place est marquée par un marbre blanc, fixé dans le pavé et incrusté de jaspe, au milieu duquel se voit un soleil en argent, entouré de cette inscription :

Hic de Virgine Maria
Jesus Christus natus est.

(Ici Jésus-Christ est né de la Vierge Marie.)

Une table de marbre qui sert d'autel, soutenue sur deux colonnes et appuyée contre le rocher, s'élève au-dessus de l'endroit où le Messie vint à la lumière. Cet autel est éclairé par seize lampes, dont la plus belle a été donnée par le roi de France Louis XIII.

A sept pas de là, vers le midi, vous trouvez la crèche. On y descend par deux marches ; car elle n'est pas de niveau avec le reste de la grotte. C'est une voûte peu élevée, enfoncée dans le rocher. Un bloc de marbre blanc, exhaussé d'un pied au-dessus du sol et creusé en forme de berceau, indique l'endroit même où le Souverain du ciel fut couché sur la paille.

sept fois, et des millions d'hommes ont été égorgés dans son enceinte.

A deux pas, vis-à-vis de la crèche, est un autel, qui occupe la place où Marie était assise lorsqu'elle présenta son divin Enfant aux adorations des Mages.

Rien n'est plus agréable ni plus dévot que cette église souterraine. Elle est enrichie des plus magnifiques tableaux. Ces tableaux représentent les mystères de ces lieux : des Vierges avec leur Enfant, d'après Raphaël, des Annonciations, l'Adoration des Mages, la Venue des Pasteurs, et tous les miracles mêlés de grandeur et d'innocence. Les ornements ordinaires de la crèche sont de satin bleu, brodé en argent. L'encens fume sans cesse devant le berceau du Sauveur. Un orgue, fort bien touché, joue à l'office les airs les plus doux et les plus tendres des meilleurs compositeurs d'Italie. Ces concerts charment l'Arabe chrétien, qui, laissant paître ses chameaux, vient, comme les antiques bergers de Bethléem, adorer le Roi des rois dans sa crèche.

Très-souvent cet habitant du désert communie à l'autel des Mages avec une ferveur, une piété, une religion inconnue des chrétiens de l'Occident. Nul endroit dans l'univers n'inspire plus de dévotion. L'arrivée continuelle des caravanes de toutes les nations chrétiennes, les prière publiques, l'idée du lieu où l'on se trouve, la richesse des décorations, les sons harmonieux de l'orgue, tout cela excite dans l'âme je ne sais quel ravissement céleste, qu'on sent beaucoup mieux qu'on ne peut l'exprimer.

FIN

TABLE DES MATIÈRES

7311. — Tours, impr. Mame.